本书得到河北经贸大学国家一流学科应用经济学学科、河北省重点学科产业经济学学科和学术著作出版基金的资助

人民币汇率波动特征的计量分析

高艳◎著

中国社会科学出版社

图书在版编目（CIP）数据

人民币汇率波动特征的计量分析/高艳著. —北京：中国社会科学出版社，2018.3

ISBN 978 – 7 – 5161 – 8369 – 4

Ⅰ.①人… Ⅱ.①高… Ⅲ.①人民币汇率—汇率波动—经济计量分析 Ⅳ.①F832.63

中国版本图书馆 CIP 数据核字（2016）第 133319 号

出 版 人	赵剑英
选题策划	李庆红
责任编辑	车文娇
责任校对	周晓东
责任印制	王　超

出　　版	中国社会科学出版社
社　　址	北京鼓楼西大街甲 158 号
邮　　编	100720
网　　址	http：//www.csspw.cn
发 行 部	010 – 84083685
门 市 部	010 – 84029450
经　　销	新华书店及其他书店

印　　刷	北京明恒达印务有限公司
装　　订	廊坊市广阳区广增装订厂
版　　次	2018 年 3 月第 1 版
印　　次	2018 年 3 月第 1 次印刷

开　　本	710×1000　1/16
印　　张	11.5
插　　页	2
字　　数	161 千字
定　　价	45.00 元

凡购买中国社会科学出版社图书，如有质量问题请与本社营销中心联系调换

电话：010 – 84083683

前　言

　　2016 年伊始，人民币汇率成了宏观经济的关键词，而波动率则成了汇率的关键词。汇率既是各国进行贸易、资本跨国流动的前提，也是连接各国经济往来的桥梁，它的波动会对各国的经济产生一定的影响。利用金融计量方法对汇率波动的特征进行分析，可以提高金融决策的准确性，降低金融决策的风险。刻画金融市场波动的计量方法中，影响最大的是 Engle 于 1982 年提出的广义自回归条件异方差（ARCH）模型和 Taylor 于 1986 年提出的随机波动（SV）模型，随后两种模型的衍生形式不断发展，并广泛用于刻画金融市场的波动及其风险，而这两种方法只适合刻画单个时间序列的波动特征。实际上，各个金融市场并不是孤立存在的，而是存在着相互关系，特别是各个汇率市场之间。随着各国经济往来日益密切，更是不能孤立地研究单个市场，而应该把某个金融市场放在大的经济背景下进行系统分析，这就用到了多元波动率模型。多个金融市场既包括收益之间的影响，又包括波动之间的影响，同时不同市场之间的收益和波动之间也可能存在着相互的影响。这都可以使用适当的金融计量模型进行刻画。

　　《人民币汇率波动特征的计量分析》在充分吸收国内外相关研究成果的基础上，对人民币汇率波动的问题进行了全面的、系统的探讨，并利用实证分析对理论进行了验证。我自 2010 年进入吉林大学商学院攻读博士学位以来，一直从事人民币汇率波动问题的建模和理论研究，并取得了一定的成果，主要表现在以下几个方面。

　　（1）在对多元 GARCH 模型深入分析的基础上，将基于正态分布的多元 GARCH 模型扩展到多元的 GED－GARCH 模型，并运用二元 GED – GARCH 模型研究了汇率与利率之间的波动溢出效应。

（2）在波动溢出及协同波动概念的基础上，对多个汇率市场的协同波动溢出问题进行度量，即将独立成分分析方法引入 GARCH 模型，对人民币兑美元、英镑、日元等双边汇率收益率序列建立模型，刻画了多个汇率市场之间的协同波动溢出效应。

（3）采用分段的方法，运用学习模型实证分析了人民币兑美元汇率对中美宏观经济的影响。

（4）对多个人民币汇率市场之间的协同持续性进行了度量。国内很多文献通过实证分析说明股票市场存在着明显的协同持续性特征，但是没有文献研究多个人民币汇率市场的协同持续性问题。本书运用协整的方法分析了人民币兑欧元、日元等双边汇率市场的波动的协同持续性。

我将博士学位论文系统地整理为《人民币汇率波动特征的计量分析》一书，更全面地探讨了各种汇率波动问题的理论与实证分析方法。该书可以作为金融决策机构、汇率研究人员及相关金融、计量等专业师生的参考用书，在此也推荐给其他对该问题或相应模型感兴趣的读者。

目 录

表 目 录

图 目 录

第一章　引言

十八届三中全会做出了关于汇率进行深入的市场化改革的决定，十八届五中全会也提出了要进一步推进汇率的市场化，"让市场在人民币利率形成和变动中发挥决定性作用，进一步增加人民币汇率弹性"。汇率制度改革最重要的内容就是确定"汇率目标区"。"汇率目标区"是固定汇率制度和浮动汇率制度的折中，要求具有稳定性和灵活性。其基本内容是中心汇率和汇率的变动范围，通常的做法是将均衡汇率作为目标区的中心汇价，即将当前的均衡汇率水平作为今后汇率目标区的基准汇率水平，再根据经济运行情况不断进行调整。浮动区间也要满足一定的要求：如果区间过宽，则形同虚设，会影响我国的对外贸易和资本流动的稳定性；区间过窄就容易受到国际游资的冲击，政府将被迫频繁地进行干预，导致汇率缺乏灵活性。因此，我国政府随着经济的稳步发展逐步放开了汇率的浮动区间。2014年年初，摩根大通首席经济学家朱海斌预计，短期内人民币兑美元汇率波动幅度将从1%放宽至2%，当市场对人民币汇率的预期趋于稳定时，将是放宽人民币波幅的最好时机；而随后中国人民银行1月15日表示，决定扩大外汇市场人民币兑美元汇率浮动幅度，自2014年3月17日起，银行间即期外汇市场人民币兑美元交易价浮动幅度由1%扩大至2%。2015年汇率在出现了震荡升值后于该年11月又开始出现了持续的贬值，2015年全年，人民币兑美元中间价贬值4.46%。而2016年首个交易日，人民币汇率在在岸市场和离岸市场双双大跌，从2016年1月4日起，银行间外汇市场交易系统每日运行时间延长至北京时间23：30，同时人民币汇率中间价浮动幅度等制度的适用时间也进行了延长。

　　对于汇率波动问题，我们需要利用模型刻画其波动特征，从而更好地把握汇率变化的规律，化解汇率波动对经济的冲击。反过来，经济的变化也会对汇率收益率波动造成冲击，影响汇率收益率的波动特征。自 2010 年 6 月我国重新启动汇率制度改革以来，我国汇率的波动幅度增大，不同汇率市场之间联系也更加密切，市场之间的风险传导现象也更加明显。国际投资者也主要通过汇率差异、利率差异及资本价格差异三种套利空间对我国进行投资，这将导致大量热钱的流入，给中国的经济带来潜在的风险，可能使一个汇率市场的波动影响其他汇率市场价格的变动，即存在波动溢出效应。

　　同时，多个汇率市场的溢出效应还存在着协同的特征。当多个金融市场受到相同信息冲击时，通常会做出相似的反应，这就表现了市场间的协同波动特征。在金融决策中，一个金融市场往往同时受到多个金融市场的波动影响，而多个市场间又可能具有协同波动特征，如果将这些变量都作为一个金融市场波动的解释变量，就容易出现多重共线性的问题，就不能真实地解释金融市场之间的波动溢出效应。所以，需要考虑将多个市场相关数据综合成几个独立的数据，再度量这些变量对一个金融市场的影响，即考虑协同波动溢出效应。

　　汇率波动的持续性，即长记忆性是汇率市场的一个重要的现象。持续性说明了前后期之间的依赖关系，在进行投资决策时，波动的持续性增加了未来风险的不确定性。对于多个具有持续性特征的金融市场，可能会存在这样的现象——单个金融市场是持续的，即长记忆性的，而多个市场的综合则表现出短期记忆性特征，这就说明多个市场之间存在着波动的协同持续特征。如何刻画多个具有波动持续性特征的汇率收益率序列的协同持续特征，是本书重要的研究内容。

　　在全球经济、金融联系日益紧密的今天，我国新一轮人民币汇率改革主要围绕如何确定均衡汇率水平及波动幅度而进行。本书也将从这两个方面入手，在研究均衡汇率和汇率传导机制的理论基础上，对单个汇率市场波动特征、多个汇率市场间或汇率与其他金融市场间的波动相关特征及计量方法进行研究，具有很强的现实意义，可以为汇率的市场化改革提供理论支持。

第一节　人民币汇率的发展进程

在研究汇率各种相关理论之前，我们首先通过表1-1梳理一下人民币汇率的发展进程。

表1-1　　　　　　　　　人民币汇率的发展进程

时间	事件	评价
1979 年 3 月	成立国家外汇管理局，人民币兑美元统一汇价	人民币汇率开始起步
1981 年 1 月 1 日	中国人民银行宣布实行人民币汇价双重汇率制度	汇率双轨制度影响了国际金融市场的秩序
1984 年 12 月	汇价统一	取消双重汇率制度后人民币开始走向世界
1994 年 1 月 1 日	中国人民银行宣布，对人民币汇率实行以市场供求为基础的、单一的、有管理的浮动汇率，正式取消双重汇率制度，实行单一汇率制度，人民币在经常项目下可有条件进行兑换，建立银行间的外汇市场，以改进汇率形成机制	对于人民币汇率来说，是一场较大的改革，这次汇率改革使人民币兑美元的汇率贬值50%。从此，中国经济走上外贸拉动型的道路。这次汇率改革成为中国经济发展史上的一个里程碑
1997 年	在亚洲金融危机中，中国政府宣布，中国将坚持人民币不贬值的立场，承担稳定亚洲金融环境的历史责任	中国政府成为亚洲货币的中流砥柱，赢得了国际社会特别是亚洲国家的称赞
2005 年 7 月 21 日	中国人民银行正式宣布"开始实行以市场供求为基础、参考'一篮子'货币进行调节、有管理的浮动汇率制度"	人民币汇率不再单一盯住美元，形成更具弹性的汇率体制

时间	事件	评价
2006 年 1 月 4 日	中国人民银行引入询价交易方式和做市商制度	改进了人民币汇率中间价的形成方式
2006 年 3 月 7 日	美元兑人民币汇率中间价较前一交易日剧烈上升了 43 个基点，汇率达到 8.0425，在询价和撮合两个交易市场上，人民币最新收盘价的降幅扩大到 59 个基点	汇率改革以来单日最大跌幅
2006 年 5 月 15 日	人民币兑美元汇率中间价突破 8∶1 的心理关口，汇率中间价达到 7.9982	这是中国政府允许人民币快速升值的一个信号，意味着人民币汇率的浮动弹性更大了
2008 年 4 月 10 日	人民币兑美元汇率中间价首度突破 7∶1 的关口，达到 6.9920	这也是我国允许汇率加速升值的一种表现
2008 年下半年至 2010 年 6 月	人民币汇率采取软盯住美元的策略	受金融危机的影响，人民币停止了升值的趋势
2010 年 6 月 19 日	中国人民银行宣布，进一步推进人民币汇率形成机制改革，增强人民币汇率弹性。这一改革，重在坚持以市场供求为基础，参考"一篮子"货币进行调节。继续按照已公布的外汇市场汇率浮动区间，对人民币汇率浮动进行动态管理和调节	人民币二次汇率改革开始
2010 年 7 月 19 日	中国人民银行与香港金融管理局同意扩大人民币在香港的结算范围，离岸人民币交易开始启动	离岸交易开始
2011 年 1 月 12 日	中国银行向美国消费者开放人民币交易	
2011 年 1 月 13 日	中国启动试点项目，允许国内公司使用人民币在境外投资	进一步增强了交易的灵活性

时间	事件	评价
2012 年 4 月 16 日	银行间即期外汇市场人民币兑美元交易价浮动幅度由 5‰扩大至 1%，外汇指定银行为客户提供当日美元最高现汇卖出价与最低现汇买入价之差不得超过当日汇率中间价的幅度由 1%扩大至 2%	扩大了外汇市场人民币兑美元汇率浮动幅度
2013 年	汇率 41 次创新高，升值幅度几乎为 2012 年的两倍	持续升值的状态
2013 年 11 月	十八届三中全会做出了关于汇率进行深入的市场化改革的决定	对未来汇率的市场化改革有深远的意义
2014 年 3 月	中国人民银行宣布自 3 月 17 日起人民币兑美元交易价浮动幅度由 1%扩大至 2%	标志着人民币汇率在走向双向浮动的"新常态"
2014 年 6 月	经中国人民银行授权，中国外汇交易中心宣布在银行间外汇市场开展人民币兑英镑直接交易	
2014 年 7 月	取消银行对客户美元挂牌买卖价差管理	市场供求在汇率形成中发挥更大作用，人民币汇率弹性增强，汇率预期分化，中央银行基本退出常态外汇干预
2014 年 9 月	中国银行间外汇市场开展人民币兑欧元直接交易	
2015 年 1 月	中国人民银行与瑞士国家银行签署合作备忘录，将人民币合格境外机构投资者（RQFII）试点地区扩大到瑞士，投资额度为 500 亿元人民币	
2015 年 6 月	中国人民银行称将进一步推进利率市场化和人民币汇率形成机制改革，疏通货币政策传导渠道	

续表

时间	事件	评价
2015 年 8 月	做市商在每日银行间外汇市场开盘前，参考上日银行间外汇市场收盘汇率，综合考虑外汇供求情况以及国际主要货币汇率变化，向中国外汇交易中心提供中间价报价	进一步完善了人民币汇率中间价报价
2015 年 11 月	国际货币基金组织（IMF）批准人民币加入 SDR	人民币成为第一个被纳入 SDR 篮子的新兴市场国家货币
2016 年 1 月	银行间外汇市场交易系统每日运行时间延长至北京时间 23：30	人民币汇率波动幅度及价格的适应时间延长

　　人民币汇率经历了很多次变革，从改革开放后建立外汇管理局开始，人民币兑美元汇率统一了汇价，人民币汇率改革开始起步。1994 年 1 月实行了单一的、有管理的浮动汇率制度。1997 年亚洲金融危机期间，我国坚持人民币不贬值的立场，承担了稳定亚洲金融环境的历史责任，赢得了国际的赞誉。2005 年 7 月 21 日，我国实行以市场供求为基础、参考"一篮子"货币进行调节、有管理的浮动汇率制度。随后人民币汇率逐渐升值，2006 年 3 月 7 日，单日上涨 43 个基点，2006 年 5 月 15 日人民币兑美元汇率中间价突破 8：1 的关口，2008 年 4 月 10 日，中间价又突破 7：1。我国出台的各种政策使得汇率变动更加灵活，如 2007 年 5 月 18 日，人民币兑美元的汇率日浮动幅度从 ±0.3% 扩大到 ±0.5%。国际金融危机期间，我国实行钉住美元的汇率制度以稳定汇率，危机后又重新启动了汇率制度改革，仍然参考"一篮子"货币进行调节，同年，我国开始了人民币汇率的离岸交易，2011 年又向美国消费者开放了人民币交易，并允许国内公司使用人民币在境外投资，这些举措都使得人民币汇率的交易方式更加灵活。2012 年 4 月 16 日，银行间即期外汇市场人民币兑美元交易价浮动幅度又扩大到了 1%。2015 年 8 月 11

日，中国人民银行宣布"决定进一步完善人民币兑美元汇率中间价报价，增强其市场化程度和基准性"。2015 年 11 月 30 日（北京时间 12 月 1 日凌晨），国际货币基金组织批准人民币加入 SDR。经济学家认为人民币加入 SDR 并不会对人民币汇率产生较大影响，从长期来看，人民币不存在贬值预期，但是人民币兑美元汇率在人民币加入 SDR 之后确实出现了持续的贬值，现在已经突破了 1:6.5 的关口。发展到今天，人民币汇率市场弹性增大，交易灵活，但是还有待完善。十八届三中全会做出了关于汇率进行深入的市场化改革的决定，该项决定对未来汇率的市场化改革有着重要的影响。这就要求我们继续深入地了解汇率市场的运行、传导机制及变化趋势，利用量化分析的方法进行分析，以期更清晰地刻画汇率波动特征。

第二节　文献综述

关于汇率问题的相关理论很多，经过长期的发展，逐渐成熟。本书关于汇率问题的研究主要包括以下几个方面：均衡汇率决定理论、汇率波动传导机制、汇率与经济动态相关性研究、汇率波动溢出效应及协同波动溢出效应、汇率波动持续性及协同持续性。下面将分别对各个方面的文献进行梳理。

一　均衡汇率决定理论

均衡汇率首先由 T. E. Gregory（1934）提出，随后凯恩斯（1935）又对其进行了明确的定义，但是比较完整的定义是由 Ragner Nurkse（1945）最早给出的，他认为均衡汇率是在充分就业和国际收支平衡的情况下内外部同时达到均衡时的汇率。均衡汇率决定理论的核心是分析宏观经济基本因素的变化是否对均衡汇率产生影响，如果影响，那么如何利用它们之间的系统联系估计均衡汇率。

关于均衡汇率决定理论的研究文献很多。最早的均衡汇率决定理论是购买力平价（Purchasing Power Parity，PPP）理论，由 Gustav

Cassel（1918）提出，该理论认为在任何一段时期内两种货币之间的汇率主要由两个国家的相对物价水平决定。在布雷顿森林体系瓦解之后，购买力平价理论在实际研究中对大多数货币已不再成立。随后又出现了利用宏观经济均衡方法的均衡汇率决定理论，该理论是 Swan（1963）在 Ragner Nurkse（1945）的工作基础上发展起来的。Swan（1963）将均衡汇率定义为使内外部均衡同时实现的实际汇率。其中，内部均衡定义为与非加速通货膨胀水平相适应的就业水平，外部均衡定义为国际收支达到平衡。该理论不仅给出了均衡汇率实现的条件，还给出了判断内外部失衡的性质和原因以及应该采取的相应对策。

Williamson（1994）用基本要素均衡汇率（Fundamental Equilibrium Exchange Rate，FEER）表示基于持续外部账户的均衡实际汇率。根据 Williamson 的定义，FEER 是同时保证一个国家或一些国家内部和外部均衡的实际有效汇率。内部均衡的定义与 Swan（1963）给出的定义相同，即当经济处于潜在产出水平且伴随较低通胀时，达到内部均衡；外部均衡是指国际收支平衡表在中期是可持续的状态，以保证外部债务的可持续。

为了解决 FEER 方法过于理想化的问题，Clark 和 MacDonald（1998）提出了一种简约方程理论方法——行为均衡汇率（Behavioral Equilibrium Exchange Rate，BEER）理论。该理论可表示任何特定的汇率模型，从这个意义上看，该方法可被认为是对均衡汇率建模的一般方法。与 FEER 方法相比，BEER 方法的优点是不仅考虑了中期基本经济因素，还考虑了短期和长期经济因素。

自然均衡汇率（Natural Real Exchange Rate，NATREX）理论模型是由 Stein（1994，1995，2002）提出的，同样是基于内部—外部均衡框架。与 FEER 方法比较，NATREX 方法将均衡实际汇率分为两个范围，即中期和长期。在中期，实际汇率可以看作是内部与外部均衡同时实现时的汇率，与 FEER 方法类似。然而，内部均衡的定义与 FEER 方法有细微的差异，因为该方法是以充分利用生产力来定义的，而不是使用非加速通货膨胀失业率。

持久均衡汇率（Permanent Equilibrium Exchange Rate，PEER）模型将实际汇率分解为持久成分和暂时成分，其中，持久成分用于度量均衡，很多文献都对如何从经济序列中提取持久成分进行了研究。

国际收支均衡汇率（Balance of Payments Equilibrium Exchange Rate，BPEER）理论是 Mischal Rubaszek（2004）在研究波兰汇率失调情况时提出的，其和 BEER 理论类似，但是在实际汇率的定义和理论应用的背景方面有所差异。

均衡汇率决定理论是所有汇率问题研究的理论基础。从理论上讲，汇率的波动问题应该是在均衡汇率确定的基础上，对汇率偏离均衡水平的幅度进行研究，但是截至目前还没有统一的、令人信服的均衡汇率决定理论。国内学者用不同的方法对我国均衡汇率进行研究，得到的结论差异很大。如果我们使用某种汇率决定理论确定均衡汇率，并在此基础上进行汇率波动的研究，很显然是不合理的。因此，我们后续工作没有将重点放在均衡汇率的决定问题上，而是直接考虑汇率收益率序列对其平均水平的偏离。

二　汇率波动传导机制

市场中的信息分为宏观、中观和微观三个层面，宏观层面的信息主要包括各种财政政策与货币政策涉及的内容，中观层面主要包括黄金市场和外汇市场，微观层面主要指股票市场。其中，宏观层面信息和中观层面的信息是影响与反馈的关系，中观层面的信息与微观层面信息之间也存在着双向联系。因此，研究汇率与其他两个层面中的信息之间的传导机制，具有一定的现实意义。

汇率波动对经济的传导主要体现在以下几个方面：价格传导、贸易传导、外国直接投资、就业及利率。

关于汇率波动对进口价格的传导效应的文献最早可以追溯到1987 年，Krugman 和 Dornbusch（1987）通过建立寡头市场模型说明，厂商会根据汇率的波动不断调整产品的价格，但价格的变动对汇率的传导效应不完全。汇率传导（Exchange Rate Pass - Through）较准确的定义由 Goldberg 和 Kneaer（1997）给出："在商品进口国和出口国之间，汇率变动导致以本国货币表示的进口商品价格的变动程度。"汇率传导的概念随后又得到了扩展。Obsffeld（2000）认为，汇率波动不仅对以本币表示的进口商品价格产生影响，而且还会对国内整体的物价水平产生影响。Obsffeld 和 Rogoff（2000）将汇率传导分为直接传导效应和间接传导效应两个阶段。Taylor（2000）推测世界范围内的汇率传导呈下降趋势，他推断将汇率行为完全传导给出口价格越来越难。张海波（2011）通过实证分析认为人民币汇率波动会影响物价的波动，但不是最主要的影响；当经济稳定时，汇率波动对 PPI 的传导效应小于对 CPI 的传导效应，当经济不稳定时，汇率波动对物价变动的传导效应较明显，同时汇率在我国不同阶段都是不完全传导的。基于新开放宏观经济学理论，梁雅敏（2010）对汇率不完全传导的原因进行了分析：从微观层面上看，主要有因市定价、产品的价格需求弹性、国内产品对进口品的替代程度等；从宏观层面上看，可能的原因有经济开放度、汇率波动性和通货膨胀环境等。

关于汇率对贸易的影响，最著名的理论是布雷顿森林体系瓦解后提出的马歇尔—勒纳（Marshall - Lerner）条件，其主要用来研究汇率贬值对国际收支的影响。Hooper 和 Kohlagen（1978）认为，汇率波动对贸易价格的影响是不明确的，受出口国与进口国的风险规避的程度以及它们的风险暴露程度的影响。Giovannini（1988）表明，汇率不确定性可以影响预期收益和风险中性的出口国的决策。Kumar（1992）认为，汇率风险可能降低净贸易量，但是会增加产业内贸易。国内也有很多学者研究了汇率波动对贸易条件的传导机制。封福育（2010）通过门限自回归模型研究了人民币实际汇率波动对出口贸易的影响。实证分析结果表明，在不同的波动幅度下，汇率水平变化对我国出口贸易的影响呈不对称特征。当汇率波动幅度小于 1.26% 时，实际汇率贬值，出口贸易量将增加；若波动幅度大于 1.26%，汇率与出口贸易之间关系不显著，实际汇率贬值不能改善我国出口状况。邵冰（2011）在对中亚五国汇率和贸易状况等进行理论分析的基础上，以哈萨克斯坦为例，通过实证分析，认为哈萨克斯坦的汇率波动对我国贸易有一定的影响，人民币相对哈萨克斯坦坚戈的贬值，不能增加我国对哈萨克斯坦的出口，反而会促进进口，这不符合马歇尔—勒纳条件，而中哈的贸易商品结构无疑是形成这种状况的重要原因。谷宇（2007）主要从波动的层面研究汇率波动对贸易的传导效应，利用 GARCH 模型和误差修正模型分析人民币汇率波动对中国进出口的长短期影响，通过实证分析，得出结论：在长期，汇率波动对进口有正向的冲击，对出口有负向的冲击；在短期，对进口和出口均有负向的冲击。

关于汇率波动对外国直接投资（FDI）的传导效应，主要有相对生产成本效应理论（Cushman，1988）和相对财富效应理论（Froot and Stein，1991），二者均认为一国货币贬值会促进 FDI 的流入。相对生产成本效应理论认为，汇率贬值会使投资国国内生产成本相对较低，特别是劳动力成本，这样就可以用同样数量的外国资本雇用更多的劳动力，提高资本收益，从而促进 FDI 的流入。Froot 和 Stein（1991）认为，本币贬值会降低外国投资者在本国的投资成本，这样的效应被称为"财富效应"，认为本国货币贬值能够提高外国投资者的相对财富，从而更有利于他们并购本国的企业或者建厂。Campa（1993）则认为，货币贬值将会抑制 FDI 的流入，因为公司的境外投资决策主要取决于对未来收益的预期，一个国家的货币坚挺，国外资金进入该国市场，预期将获得更多的收益，因此会吸引更多的 FDI 流入，而货币贬值则会使投资者失去信心，阻碍 FDI 流入，甚至可能会使本国货币流向其他货币坚挺的国家。

汇率对就业的影响一直是学者关注的课题。Branson 和 Love（1987）利用 1970—1986 年的季度数据对美国制造业进行实证研究，发现美元升值会显著地降低产量和就业，特别是耐用品部门。Burgess 和 Knetter（1998）、Belke 和 Gros（2002）研究了汇率波动对就业的影响，普遍认为，剧烈的汇率波动将增加失业人数。Klein、Schuh 和 Triest（2003）对美国制造业进行了深入研究，也发现汇率升值会显著地减少就业岗位，但是岗位流动对贬值的反应不明显。Goldberg 和 Tracy（1999）研究发现，美元升值会使制造业工资和就业同时大幅度下降。Ansgar 和 Leo（2002）发现，就业和汇率的波动性之间存在负相关关系，汇率的波动性越大，企业推迟投资所产生的等待的价值就越大，因而劳动力市场上对劳动力的需求会降低。Roberto（2004）对阿根廷、巴西和智利等南美洲国家的研究则得出了贬值会促进制造业就业的结论。

国内有些学者也研究了汇率波动与就业之间的关系。曹伟（2011）利用跨期代理人模型，分析了人民币实际有效汇率、工资及贷款利率与社会就业量之间的关系。盈帅（2007）以山东省就业市场为研究对象，实证分析了 FDI 对区域就业的影响，得出结论：FDI 对山东省的就业有显著拉动作用，但就业效应小于国内资本的作用。沙文兵（2005）利用中国东部 11 省（市）1994—2007 年的面板数据建立模型，分析了人民币实际有效汇率的水平及其波动性对就业量的影响。结果发现：人民币实际有效汇率的水平与就业量有显著的负相关关系；在其他条件不变的情况下，人民币实际有效汇率上升 1%，就业量将下降 0.126%；人民币实际有效汇率的波动性对就业量仅具有轻微的负面影响。万解秋（2004）认为，汇率波动影响进出口商品价格，改变出口企业投资决策，从而会使出口企业的生产规模发生变化，劳动力需求受到影响。当出口在一国经济中占有重要地位时，汇率的调整就将影响就业。实证分析结果表明，人民币升值将抑制就业的增长，加重就业负担。范言慧（2005）认为，实际汇率的变动将会影响出口商品的价格和数量，并改变进口成本，进而影响厂商的劳动力需求。在考虑未来经济的不确定性时，实际汇率的波动还会影响厂商的预期，甚至影响国内投资，进而对厂商的劳动需求产生间接影响。林筱文等（2009）认为，我国出口企业大多属于劳动密集型企业，人民币贬值可以促进商品出口进而增加就业。通过建立向量自回归模型，研究实际有效汇率对我国就业的影响，他们发现实际有效汇率升值对我国劳动力就业存在明显的负面影响。

金融危机之后，利率、汇率的联动关系发生了很大的变化，人民币汇率和利率之间价格的信息传导关系（即价格溢出）和波动的信息传导关系（即波动溢出）的变化引起学术界的广泛关注。关于利率与汇率关系的研究，最早的经典理论有 Keynes（1923）给出的利率平价理论，该理论指出，当利率发生变化影响物价水平时，通货膨胀的程度随之变化，进而引起汇率水平的变动。利率平价理论是国际金融理论中最直接表述利率与汇率关系的学说，其从动态角度分析了二者的关系，认为汇率的变动是由利率差异决定的，利率水平的差异引发国际资本的跨界流动，进一步导致外汇供求的变动，并由此决定汇率变动，而汇率的变动会抵消两国间的利率差异，最终使金融市场处于均衡状态。国际收支理论认为短期内利率通过资本账户影响汇率。Edward（1989）认为发展中国家的实际汇率和经济增长的关系密切。一种观点认为，二者之间存在负相关关系。Frenkel 和 Mussa（1980）、Frenkel 和 Rose（1995）发现固定汇率是以其他经济变量的波动为代价的。Reinhart（2001）认为，浮动汇率的一个好处就是减轻了货币当局维持固定汇率的负担，使利率更加稳定。另一种观点认为，二者存在正相关关系。Cooper（1999）主张实行固定汇率制，认为汇率的波动往往是过多的，而且与基本经济变量无关。McKinnon（2001）认为汇率弹性本身就存在着外汇风险，从而可能阻碍国际商品和金融资金的往来。近年来，越来越多的学者开始研究利率与汇率风险联动的特性。赵华（2007）基于向量自回归的多元 GARCH 模型对人民币汇率和利率的动态关系进行了实证分析，认为人民币汇率和利率之间不存在价格溢出效应；就波动率而言，人民币兑美元汇率与利率之间不存在波动溢出效应，而人民币兑欧元、日元等存在双向波动溢出效应。蒋治平（2007）运用 DCC 多元 GARCH 模型研究了人民币汇率与利率之间的动态相关关系。赵天荣、李成（2010）利用二元 VAR - GARCH 模型实证研究了人民币汇率与利率之间的动态关系，结果表明：从长期看，汇率改革后人民币汇率弹性增大能够稳定利率的波动，但是在短期内人民币弹性的增大反而会加剧利率的波动。陈守东（2012）运用二元 N - GARCH 模型和二元 GED - GARCH 模型对金融危机前后利率和汇率的波动溢出效应进行了研究，认为二元 GED - GARCH 预测效果更好，并得出结论：在金融危机前利率与汇率之间存在着汇率到利率的溢出效应，而在金融危机之后，利率与汇率具有双向的波动溢出效应。

研究汇率传导机制的文献很多，学者们利用不同的理论可能会得到不同的结论，究竟哪种结论更具有说服力，更能刻画实际问题，这就要与国际与国内的实际经济背景相结合，不同国家的经济环境与社会差异使得方法的适用性研究尤为重要。

三 人民币汇率与中美经济动态相关性

随着金融危机后人民币汇率改革的重新开启，我国扩大了汇率的波动区间，汇率的波动不仅体现了人民币币值的变化，也反映了我国与国外宏观经济变量的变化。Kim（2009）在适应性学习下研究了汇率与宏观基本面之间的关系，认为适应性学习模型，特别是常数收益模型能更好地刻画汇率的波动性及持续性。Markiewicz（2012）利用学习的方法研究了英镑兑美元汇率与潜在的基本宏观经济变量之间的时变动态相关性，通过实证分析得出结论：在汇率的不同波动时期，二者之间具有不同的动态相关性，需要运用不同的模型进行刻画。很多研究希望可以将这些汇率波动的变化与宏观经济变量的动态性联系起来。但是，一些学者如 Gerlach（1998）、Flood（1995）和 Rose（1995）等研究发现，在一些低通货膨胀率的国家，大部分宏观经济变量不受汇率波动区制的影响。然而，在理论上，货币模型中汇率作为一个变量反映潜在的经济冲击，很难找到宏观经济变量与汇率之间的关系是因为参数的不稳定性。

国内学者陈平（2010）引入适应性学习来研究汇率改革后人民币汇率的货币模型，表明引入适应性学习后，传统的货币模型并没有完全失效，仍然适合刻画汇率改革后人民币汇率的短期走势。但是，因为汇率改革时间较短，我国汇率并没有发生较大波动，所以该文只是考虑了参数的学习过程。经过近几年的发展，汇率市场的发展逐渐成熟，同时，国际与国内经济环境也发生了较大的变化，人民币兑美元汇率的波动呈现出不同区制特征，我们需要使用模型学习的方法对汇率与中美宏观经济的动态相关性进行研究。

四 刻画汇率波动分布特征模型

刻画汇率波动分布特征的模型有很多，主要包括 GARCH 模型、随机波动模型、STAR 模型、Markov 区制转移模型及神经网络模型等。

Kenneth D. West 和 Dongchul Cho（1995）使用单变量异方差模型、GARCH 模型、自回归和条件方差的非参数模型对五种货币兑美元双边汇率波动预测能力进行了比较分析。Meyer 和 Yu（2000）运用 SV 模型研究了英镑汇率的波动特征，研究结果表明英镑汇率波动性存在着杠杆效应。Granger 和 Teräsvirta（1993）提出了 STAR 模型，该模型主要用于描述经济、金融时间序列对均衡的偏离和回复现象，他们发现这个模型可以很好地模拟商业周期、汇率以及失业率的时间序列。Hamilton（1989）将 Markov 区制转换模型引入经济问题的分析中，研究外汇等金融资产在不同状态下的特征及行为的转换。Engel 和 Hamilton（1990）、Klaassen（2002）、Bergman 和 Hansson（2005）通过研究汇率的转换行为，表明在许多方面状态转移模型要优于单状态模型。Bollen（2000）应用状态转移模型研究外汇期权定价问题。Wilfling（2009）研究了欧洲货币联盟成员汇率波动状态的转移过程，认为在加入货币联盟前后所有汇率波动均发生了转换。这对未来将加入货币联盟的国家具有借鉴意义。

国内的相关研究成果也很多。谢赤、刘潭秋（2003）利用两区制 Markov 转移模型研究了 1980 年 1 月至 1998 年 12 月的人民币兑美元的实际月度汇率，结论显示，无论是升值过程还是贬值过程，都具有高度的持续性。2005 年人民币汇率改革后，刘潭秋（2007）运用非线性自激发门限自回归模型和平滑转换自回归模型拟合实际汇率的历史数据，效果较好。靳晓婷、张晓峒等（2008）利用门限自回归模型分析了汇率改革后到 2008 年 1 月的人民币汇率，得到了汇率波动的非线性趋势。李敏等（2010）运用三区制转移自回归模型分析了 1991—2008 年人民币实际有效汇率的波动路径，发现存在"过度贬值""适度贬值"和"升值"的显著三区制特征。赵华燕、焦枝（2010）采用 MS - GARCH 模型分析了 2005 年汇率改革后人民币汇率波动的状态转换行为，发现两区制转换 GARCH 模型的拟合和预测效果均优于单状态 GARCH 模型。

关于汇率波动特征的建模方法虽然很多，但是大多都是针对单变量特征进行研究的；关于多个汇率市场及汇率市场与其他金融市场之间的波动相关特征的计量方法不够完善，已有的多元波动分析方法也多用于股票市场的分析，而多个汇率市场之间波动相关问题的研究较少。所以，本书将从多元的角度刻画多个汇率市场之间的波动相关特征。

五 汇率波动溢出效应及协同波动溢出效应

关于汇率协同波动的研究已有很多。Engle 和 Kozicki（1993）提出了协同 ARCH 因子的概念，并用该方法检验了汇率的协同波动。Carol（1995）利用协同 ARCH 因子方法分析了 1982 年 1 月 2 日至 1992 年 12 月 10 日的澳元、德国马克、西班牙比塞塔、英镑、意大利里拉、日元及荷兰盾的每日及每周的汇率协同波动。王昭伟（2011）利用 GARCH 模型检验了中国、日本和韩国三国实际汇率的协同波动现象，发现三国汇率皆具有正向协同波动关系，其中日本和韩国之间的协同波动特征最为显著。他在此基础上还考虑了联合干预对汇率协同波动的作用。

关于波动溢出的研究成果也非常丰富。Baele（2005）研究了全球与区域一体化如何增加股票市场之间的依赖性，也对整个欧洲及美国市场对 13 个欧洲本土股票市场的波动溢出进行了定量研究。Liu 和 Pan（1997）研究了美国与日本对亚洲四个股票市场（中国香港、新加坡、中国台湾和泰国）的均值收益与波动的溢出效应。安烨、张国兵（2012）采用非线性 Fourier 函数方法，分析了 2005 年 7 月以来人民币兑美元及非美元货币（欧元、日元）汇率之间的关系。

MEM 模型首先由 Engle（2002）提出，其作为 GARCH 模型的扩展，主要研究非负金融时间序列数据的建模，该方法将正值过程确定为条件自回归形式的度量因子与一个取正值的更新过程的乘积。Engle 和 Russell（1998）提出的自回归条件持续（ACD）模型也是 MEM 模型的特殊形式。Engle 和 Gallo（2006）使用三个不同的波动度量方式，包括绝对收益、日收盘开盘价差与已实现波动研究股市波动问题，在波动方程中引入度量因子的滞后指标，进而分析指标之间的相互作用，结果表明变量之间存在着显著的交互作用。Fabrizio Cipollini 等（2007）利用 Copula 函数估计度量因子的参数和更新过程的相关系数。曹刚（2012）利用 MEM 模型对股指期货进行了建模。国内关于 MEM 模型的研究主要集中于单变量情形，关于多变量 MEM 模型的研究成果较少。本书试图对多变量 MEM 模型进行深入研究并利用向量 MEM 模型度量多个汇率市场之间波动的溢出效应。

关于协同波动溢出效应，相关研究文献较少。张瑞锋（2007）首先使用主成分分析方法刻画了多个金融市场之间波动的相关问题，再利用 GARCH 模型研究了多个金融市场对一个金融市场的共同协同波动溢出。随后，张瑞锋（2008）又引入独立成分分析方法，使用 GARCH 模型研究多个股票市场对一个股票市场的协同波动溢出。本书将使用该方法研究多个汇率市场之间的协同波动溢出效应。

六　汇率波动持续性及协同持续性

波动的持续性最早由 Engle 和 Bollerslev（1986）提出，他们通过 IGARCH 模型解释条件方差的持续性。对于向量 GARCH 模型，不但要研究其持续性问题，还要研究多个变量方差持续性之间的关系，即方差协同持续问题。Bollerslev 和 Engle（1993）探讨了 VGARCH 模型持续性问题，提出了协同持续的思想，即序列间可能具有一种长期的线性均衡关系。他们还给出了协同持续性的定义，"如果向量 GARCH 过程中的每个分量都是持续的，而向量 GARCH 过程各分量的线性组合却表现出非持续性，则称向量 GARCH 过程是协同持续的，它给出了方差与协方差意义下的长期均衡关系，即方差自身的协整关系"，协同持续性概念是协整概念的扩展。

关于金融市场的长记忆性，有很多文献进行了探讨。Goetzmann（1993）、Mills（1993）及 Tolvi（2003）等分别运用了 Hurst 指数、经典 R/S 统计量及修正 R/S 等分析方法进行研究，但没有说明英国等欧盟国家股票市场收益率序列有长记忆性。而 Rarkoulas 等（2000）、Panas（2001）以及 Sibbertsen（2004）等利用相似的方法证明希腊和德国等国家的股票市场的收益率序列存在着显著的长记忆效应。Crato 和 de Lima（1994）用修正 R/S 分析方法对美国股市收益残差进行了计量分析，发现收益率序列存在显著的长记忆效应。So（2000）也同样证明了美国股票市场收益率序列存在长记忆效应，并且认为该长记忆效应对波动率的预测及衍生产品定价具有重大影响。

关于汇率波动的长记忆性的研究也很多。Baillie（1996）发现，与 IGARCH 模型相比，FIGARCH 模型能够更清楚地刻画美元以及德国马克汇率收益率序列中条件方差的长期记忆效应。Brooks 和 Simon（1998）根据给定的标准，选择适当的 GARCH 模型细致刻画了美元汇率收益率的波动。Torben 等（2001）通过分析德国马克和日元兑美元的日度汇率的波动分布和相关性问题，进一步改进了 GARCH 模型在实际使用过程中对样本数据具体分布的约束条件。

大量的研究结果表明，汇率市场是具有持续性特征的。国内朱新玲（2011）通过单整 GARCH 模型和脉冲响应函数分别对人民币汇率波动风险的持续性和持续期进行了研究。结论认为，人民币兑美元的名义双边汇率表现出了明显的持续性特征，一个标准差大小的随机冲击对汇率波动影响的持续期大约为 4 天；并给出了建议，即风险规避应在协同持续的基础上进行。

在实际金融分析角度，波动的协同持续性特征说明，对于具有风险持续影响的金融过程，在一定条件下可以通过组合配置的方式消除风险的持续影响。因此，对协同持续性进行研究是很有现实指导意义的。

第三节　研究框架与方法

基于以上对均衡汇率、汇率传导机制及汇率波动问题研究的背

景和国内外学者针对汇率波动特征相关研究现状的梳理，本书将在
不同章节对汇率的均衡水平、汇率对经济的传导机制、汇率波动的
分布特征、汇率的波动溢出效应及协同波动溢出效应、汇率波动的
持续性及协同持续性等相关问题进行研究。

本书具体结构如图 1-1 所示。

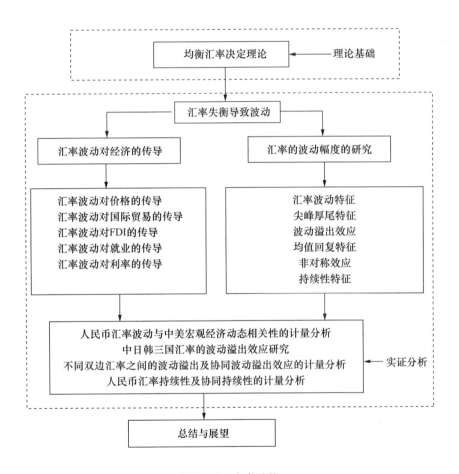

图 1-1 本书结构

本书的结构设置如下。

第一章给出本书的研究背景、意义及国内外相关研究综述，并
介绍了本书的研究框架与方法。第二章是本书的理论基础，首先系

统地介绍了各种均衡汇率的决定理论，包括购买力平价理论、基于宏观经济均衡方法的均衡汇率理论、FEER、BEER 等，还介绍了均衡汇率的影响因素，并说明均衡汇率的失调会导致汇率的波动，汇率的波动既包括汇率水平高低的变动，也包括汇率波动幅度的变动。第三章侧重研究如何基于"模型学习"的方法，利用 Taylor 规则实证分析人民币汇率对中美经济的影响。首先在均衡汇率决定理论的基础上分析影响汇率波动传导效应的因素，并介绍汇率波动的传导机制，其中包括汇率波动对价格水平、贸易条件、国外直接投资、就业、利率等的传导效应，最后实证分析人民币汇率对中美经济的影响，得出在不同的汇率波动状态下，人民币汇率对两国宏观经济的影响。第四章的研究重点是将一般基于正态分布的多元 GARCH 模型扩展为基于广义误差分布的多元 GARCH 模型。首先对汇率波动的分布特征进行概括，包括汇率收益率分布的尖峰厚尾特征、波动的集聚性特征、波动的长记忆性和持续性、杠杆效应以及波动溢出效应等，并给出可以刻画各种汇率波动特征的基于正态分布、学生 t 分布、广义误差分布的 GARCH 模型、SV 模型及区制转移模型，最后利用二元 GED – GARCH 模型估计汇率与利率之间的波动溢出效应。第五章创新地对多个人民币汇率市场的协同波动溢出效应进行了刻画。首先在波动溢出概念的基础上，利用 VMEM 方法对中日韩三国汇率进行了波动溢出效应的实证分析，然后在 GARCH 类模型中引入独立成分，基于协同波动溢出效应的理论及模型，刻画了人民币兑美元等多个双边汇率之间的协同波动溢出效应。第六章创新地对多个人民币汇率市场的波动协同持续特征进行了实证研究。首先介绍了汇率持续性特征及相关模型，然后介绍协同持续性的方法和模型。实证分析部分，首先对人民币兑美元汇率的双记忆性特征进行了定量研究，然后对人民币兑欧元、英镑、澳元、加元及日元的波动持续性及协同持续性进行了深入的研究，发现人民币汇率同其他汇率市场之间存在着协同波动持续特征。第七章则是本书的总结与展望。

第二章 均衡汇率决定理论
与影响因素分析

对于中国特有的国情来说，研究人民币汇率形成机制，给出正确的汇率理论及汇率政策改革的理论依据显得非常重要。一方面，是因为近年来国内外对人民币是否应该升值的讨论非常热烈，一些西方国家政府指责人民币被人为低估。2013 年 7 月 IMF 发布的《2013 年第四条磋商工作人员报告》认为，人民币仍然被中度低估，幅度为 5%—10%，国际收支也长期顺差，人民币汇率具有升值的压力。2015 年 9 月华泰证券指出，2012 年以后，整个世界的经济都开始放缓，中国经济也进入了新常态，中国的国际收支也逐渐缩小，资本流入占 GDP 的比重降低，同时美联储加息预期导致资本流出，加速了人民币贬值的幅度，最后中央银行的量化宽松政策及 2012 年救市政策使 M2 增速过快，导致流动性过剩，进而对人民币贬值预期增加，这些因素都导致了 2012 年以来的贬值趋势。另一方面，在金融领域，我国正面临向市场经济全面转轨的重要阶段，党的十八届三中全会指出将市场化的基础性作用提升为决定性作用，需要寻找正确的汇率制度改革思路，需要有正确的理论作为改革汇率形成机制与确定适当的人民币汇率的依据。2015 年人民币汇率升值和贬值的压力共存，双向波动特征更加显著。中央银行规定，"自 2015 年 8 月 11 日起，做市商在每日银行间外汇市场开盘前，参考上日银行间外汇市场收盘汇率，综合考虑外汇供求情况以及国际主要货币汇率变化向中国外汇交易中心提供中间价报价"，可以解决人民币汇率中间价偏离市场汇率幅度较大的问题，也可以使未来人民币汇率的形成机制继续朝着市场化方向迈进。适合中国社会主义市场经济的汇率政策对我国经济持续、稳定、健康发展是非常重要的。因此，汇率决定理论无论是在理论上，还是在实际经济活动中，都是十分重要的，是当代经济生活中不可或缺的一个理论基础。

第一节　均衡汇率决定理论

均衡汇率一直广受学术界和政策制定者的关注，均衡汇率与实际汇率不同，其计算方法也备受争议。我们所谈论的均衡汇率与当前汇率不同，通常意味着两件事：第一，未来某个时刻的均衡实际汇率是可以预测的，与当前的实际汇率不同。第二，针对名义汇率采取政策可能以某种方式改变将来的实际汇率。人民币过度升值不仅使外资加快流入国内，外汇储备也会持续增加，从而影响货币政策的实施效果，还可能会引起通货膨胀，影响正常出口贸易，加大金融风险甚至会引发国内经济危机。人民币一直处于升值趋势，2013 年 1—11 月，人民币实际有效汇率和名义有效汇率已经分别升值了 7.9% 和 7.2%，这一升值幅度较 2012 年的 2.2% 和 1.7% 有明显提升，全年中间价累计 41 次创新高，2013 年人民币一直处于"对外升值对内贬值"的趋势。央行盛松成认为，该现象是我国经济发展的阶段性现象，汇率将持续小幅升值，这是对长期低估的校正，国际收支顺差也将导致人民币持续升值，外汇管理的"重流入轻流出"及其他国家的量化宽松货币政策都将导致我国汇率升值。2014 年年初，汇率告别了单边持续上升的趋势，开始出现下跌，同时汇率的弹性增加，市场的作业加强，进入了双向波动的新常态。2015 年未来汇率走势如何，均衡汇率又如何变化，兴业银行首席经济学家认为，2015 年或应是汇率改革发挥主导作用，美元强势回归、中国经济增速放缓、中美利差收窄等因素都将促使人民币贬值预期增加，而人民币市场化和国际化又将使人民币汇率出现双向波动，这些都将影响我国的汇率制度的制定和调整。

均衡汇率首先由 T. E. Gregory（1934）提出，随后凯恩斯（1935）又对其进行了明确的定义，比较完整的定义是由 Ragner Nurkse（1945）最早给出的，他认为均衡汇率是在充分就业和国际收支平衡情况下内外部同时达到均衡时的汇率。均衡汇率决定理论的核心是要分析宏观经济基本因素的变化是否对均衡汇率产生影响，如果有影响，那么如何利用它们之间的系统联系估计均衡汇率。

在解释均衡汇率的相关理论之前，我们首先需要给出汇率的定义。实际汇率有多种定义方式，这里只介绍两种。第一种称为"内部实际汇率"，是非贸易品与贸易品价格的比值：

$$E = \frac{P^{NT}}{P^T} \tag{2.1}$$

其中，E 表示内部实际汇率，P^{NT} 和 P^T 分别表示非贸易品和贸易品的价格水平。汇率的这种定义方式通常被认为比较适合小国开放模型，并主要针对进行商品贸易的发展中国家。因为名义汇率通常要么假设为固定的，要么假设受全世界商品价格的影响，所以在估计均衡内部实际汇率时通常不用名义汇率。

第二种是实际汇率的宏观经济定义，也被称为"外部实际汇率"，定义为名义汇率乘以国外价格水平，并除以国内价格水平：

$$Q = \frac{S \cdot P^*}{P} \tag{2.2}$$

或者是对数形式：

$$q = e + p^* - p \tag{2.3}$$

其中，S 是名义汇率，表示单位外币的本国货币。P 和 P^* 分别表示国内与国外价格水平。Q 表示实际汇率，是换成相同度量单位（如国内货币为基准）的国外价格 $S \cdot P^*$ 与国内价格 P 之比。而 q、e、p^* 和 p 则表示 Q、S、P^* 和 P 的自然对数形式。如果变量被表示为指数形式，实际汇率则表示给定时期内国外与国内价格水平之间的转换。实际汇率的定义给出后，我们将研究均衡汇率的各种决定理论并对影响均衡汇率的因素进行分析。

实际汇率是非贸易品与贸易品的价格之比，均衡实际汇率是在非贸易品的国内经济与贸易品的外部经济同时达到均衡时的实际汇率水平。

最早的均衡汇率决定理论是购买力平价理论，虽然在布雷顿森林体系瓦解后，购买力平价理论在实际研究中对大多数货币已不再成立，但是 20 世纪 90 年代后因为计量经济学和样本数据的增加，关于购买力平价的理论又掀起了研究狂潮，学者又重新利用新的工具检验其适用性，研究内容也和传统的理论有很大差异。所以，首先对购买力平价理论进行系统的研究还是有必要的。在购买力平价理论的基础上，我们还会进一步给出其他汇率决定理论。长期均衡汇率水平，主要受经济基本变量的影响，反映一国长期均衡汇率的变化趋势。而短期汇率水平容易受短期均衡利差、短期国内外需求甚至某些突发事件的影响，包含较多的泡沫和短期因素。因此，我们对长期和短期均衡汇率水平的研究方法有所不同。多数均衡汇率决定理论研究的是长期汇率均衡。

一 购买力平价理论

购买力平价（Purchasing Power Parity，PPP）理论最早由 Gustav Cassel（1922）提出，是一种汇率决定理论，包括绝对购买力平价理论和相对购买力平价理论。Cassel 认为"两个国家的汇率将由两国的一般价格水平之比决定"，即绝对购买力平价理论认为：

$$E^{PPP} = P/P^* \tag{2.4}$$

其中，E^{PPP} 为名义汇率，是直接标价法给出的一单位外币的本币价格。P 和 P^* 分别表示本国和外国的价格水平。两国的物价水平的测算应该包括相同的商品，并且各种商品所占的权重应该相同。购买力平价理论通常作为长期名义汇率的度量，而不是一个持续成立的概念。Cassel 意识到，在短期，汇率市场上的名义汇率可能因为非零利率差和外汇市场干预而偏离 PPP 理论给定的汇率。因此，在短期，偏离 PPP 的程度就可能被认为是本国货币的高估或低估。这点可以通过引入下面的方程给出：

$$Q = \frac{E}{E^{PPP}} \tag{2.5}$$

其中，Q 表示实际汇率，E 表示名义汇率，E^{PPP} 为购买力平价理论下的名义汇率。

因此，如果名义汇率高于由购买力平价理论确定的汇率，则实际汇率和名义汇率被低估，相反情况则表示被高估。如果 $E = E^{PPP}$，则购买力平价理论成立。

购买力平价理论的基础是一价定律（Law of One Price，LOOP），其对价格篮子中的每件商品都成立。根据一价定律，如果价格用相同的货币表示，给定物品的价格应该是相同的（$P_i = E \cdot P_i^*$，i 表示第 i 件商品），即任何同质商品在两国的价格是相同的；如果价格不同，就可以在价格低的市场购买该商品，在价格高的市场出售该商品，通过供求关系的变化导致两国商品价格发生变化，最终使两国市场上该商品的价格相同。

基于不完全替代和产品多样化的静态均衡模型，MacDonald 和 Ricci（2002）通过分析表明，贸易部门的生产率不仅通过 Balassa-Samuelson 效应（简称 B - S 效应），而且通过间接的工资渠道正向地影响实际汇率，而且如果存在本土偏好，还会对国内生产的贸易品价格有直接的负向效应，导致实际汇率贬值。然而，如果在整个价格指标体系中，非贸易品占的份额不太小，B - S 效应将使贸易品价格降低。因此，一个开放部门生产率的提高将引起实际汇率升值。

Benigno 和 Thoenissen（2003）利用动态一般均衡模型计算英镑兑换欧元的汇率，得到了与 MacDonald 和 Ricci（2002）类似的结果。然而，在 Benigno 和 Thoenissen（2003）的模型中，开放部门生产率的提高将使实际汇率整体贬值，因为其对开放部门的实际汇率的负面效应（贬值）超过了对非贸易品相对价格的正面效应（升值）。Világi（2004）认为，如果不希望 B - S 效应产生的汇率升值被通过贸易渠道导致的实际贬值所抵消，就应该考虑将国际价格的差异包含在动态一般均衡新开放经济模型（New Open Econometrics

Model, NOEM）中。贸易品价格的非贸易部分被并入分销服务的成本中，导致相同的物品在不同国家定价不同（Corsetti and Dedola, 2004）。如果生产力提高刺激贸易品价格上涨，国内价格上涨要快于国外价格上涨，将导致实际汇率升值。名义汇率升值也会导致基于贸易品价格的实际汇率升值。对于小国开放经济，定义均衡实际汇率的直接方法是通过外部保持持续均衡得到的，如经常账户与外债。B－S分析结果表明，如果外部持续性问题受到实际汇率升值的压力，将有适当的生产收益产生，从而确保了出口产品的竞争力。除了生产力提高，还有其他因素可以在资产账户和外债中持续起到关键的作用，如实际利率、财政政策，或储蓄与投资的决定因素，这就是需要引入宏观经济均衡方法的原因。

二 基于宏观经济均衡方法的均衡汇率理论

基于宏观经济均衡方法的均衡汇率理论是 Swan（1963）在 Ragner Nurkse（1945）的工作基础上发展起来的。Swan（1963）将均衡汇率定义为内外部均衡同时实现的实际汇率。其中，内部均衡定义为与非加速通货膨胀水平相适应的就业水平，外部均衡定义为国际收支达到平衡。该方法不仅给出了均衡汇率实现的条件，还给出了判断内外部失衡的性质和原因，以及应该采取的相应对策。

Swan 在直角坐标系中描绘了基于宏观经济均衡方法的均衡汇率决定理论，内外部均衡分别用产出和经常账户表示，两线交点代表均衡汇率点，四个象限分别代表汇率失衡的四种情况：需求过度与贸易顺差（Ⅰ）、需求不足与贸易顺差（Ⅱ）、需求不足与贸易逆差（Ⅲ）、需求过度与贸易逆差（Ⅳ）（见图2－1）。

Swan 的研究在 Nurkse 的基础上有了很大的进步，该方法明确了均衡汇率的定义，分别用潜在的生产力和国际收支平衡作为内外均衡的标准。对四个象限的划分，给出了针对不同失衡情况的分析，为政策制定提供了依据。但该方法也有缺陷，它主要是一种静态汇率均衡决定理论，该方法没有涉及货币市场和资本市场，不能分析在确定均衡的过程中货币、资产的配置，并且该方法只是对汇率均衡理论给出定性的分析，所以在实际中可操作性不强。

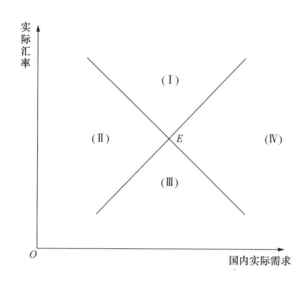

图 2 - 1　基于宏观经济均衡方法的 Swan 示意

三　基本要素均衡汇率理论

基于外部持续性的均衡实际汇率的概念首先由 Nurkse（1945）提出，随后 Artus（1978）给出了更详尽的描述。在实际汇率问题的范畴中，这个概念又被 Williamson（1994）进行了一系列的扩展。Williamson 用基本要素均衡汇率（Fundamental Equilibrium Exchange Rate，FEER）表示基于持续外部账户的均衡实际汇率。根据 Williamson 的定义，FEER 是同时保证一个国家或一些国家内部和外部均衡的实际有效汇率。内部均衡是由非加速通胀的失业率（Non - Accelerating Inflation Rate of Unemployment，NAIRU）决定的，当经济处于潜在产出水平且伴随较低通胀时，达到内部均衡。外部均衡是国际收支平衡表在中期是可持续的状态，以保证外部债务的可持续性。内外同时达到均衡可以由下面的方程表示：

$$S(W) - I(X) = CA(\hat{q}, Y) = -KA(Z) \tag{2.6}$$

其中，S 表示全国的储蓄，I 表示投资，CA 和 KA 是经常账户与资本账户，W、X、Y 和 Z 是变量组成的向量，$\hat{q}$ 是与内部均衡相一致的实际汇率。

若要计算 FEER，有两个关键的问题需要说明：（1）伴随低通货膨胀的潜在产出的确定。可以采用两种方法：一是可以通过对比，例如，使用 HP 滤波或者 BN 分解方法将历史 GDP 增长分解为趋势项和循环项。二是可以利用经济理论确定潜在增长的大小。（2）一种经常账户持续性的定义是由 Williamson 提出的，即经常账户失衡能够用相等、反向的资本账户进行抵补，并且在给定的水平上外债与 GDP 比值稳定。但是，这仍然是个开放的问题，如这个比例的最优水平是什么，通常会应用大量的判断来获得合理的值。此外，还可以将经常账户表示成储蓄和投资均衡，这种方法被国际货币基金组织用于实现内外部均衡（Isard et al.，2001）。

在给定一些内部与外部均衡的标准的情况下，主要有两种方法可以估计 FEER：一种方法是采用估计的宏观计量模型，构成内部和外部均衡，并且求解出实际汇率，而这个实际汇率就是 FEER。然而，迄今估计 FEER 最普遍的方法是，假设经常账户方程等于合适的资本账户（Wren - Lewis，1992）。这个过程共有五步：

（1）确定目标经常账户位置。

（2）估计交易账户的弹性，考虑国内、国外产出与实际有效汇率(Real Effective Exchange Rate，REER)[$TB = f(Y, Y^*, REER)$]。

（3）计算 REER 的变化。然而，很难同时完成这三个目标。因此，假设国内外经济内部均衡达到了，而没有涉及 REER，然后考虑下一步工作。

（4）确定 REER 的变化，这样给出经常账户，调整至内部均衡，REER 的变化是有效汇率的总的失调。

（5）如果有必要，可以通过均衡 REER 计算双边均衡名义汇率。

Šmídková 等（2003）、Buliř 和 Šmídková（2005）将外债目标引入该框架，并且将标准 FEER 模型的范围从中期扩大到了长期。FEER 变形为基本实际汇率（FRER），长期外债目标是实际外债在长期的收敛值。均衡汇率值就是确保目标可以实现的汇率。

Barrell 和 Wren - Lewis（1989）说明在计算 FEER 时，需要考虑

净国外资产项的重新估值效应，特别是马歇尔—勒纳条件的成立。Wren – Lewis（1992）强调，这暗含着在中期将实际汇率值设定为长期均衡值。这是很强的假设，因为在中期对货币政策有很强的限制。进一步，Wren – Lewis 注意到，FEER 方法是一个计算实际汇率的方法，这与中期宏观经济均衡相一致。也就是说，FEER 方法没有具体体现出汇率决定理论。尽管如此，也暗含着实际的 REER 将收敛于 FEER 的假设。因此，这种方法是汇率决定理论的中期经常账户理论。

除了度量持续资本账户比较困难，贸易弹性的计算也要在计算 FEER 之前给出。

Driver 和 Wren – Lewis（1999）根据不同的公式与假设估计了美元、日元和德国马克的 FEER 的敏感度，发现两个因素主要导致 FEER 计算的不确定性。他们还认为，找出对交易方程给出较好定义的估计方法通常是比较困难的。因此，贸易弹性与 FEER 较接近。不可避免地，这就意味着 FEER 估计对选择的弹性比较敏感。

Cline（2008）给出了一种通过对称矩阵求逆（SMIM）模型计算 34 个经济体的 FEER 的方法。这个方法是对称的，对每个国家赋予相同的权重以通过重排达到 FEER，而不是要求美国确切地达到调整的目标，这样不仅与当前需求广泛一致，也与其他经常账户目标相一致。

这个模型是基于两个关系集合的。一个是经济关系：经常账户依赖实际有效汇率。另一个是代数关系式：任何有效汇率集合都与相应货币兑美元的双边汇率直接映射，并且在重新排列到 FEER 的过程中，不仅有效汇率之间而且所有双边汇率变化之间都具有平稳性。

经济关系表明，经常账户变化占 GDP 的百分比等于有效汇率变化的百分比乘以一国特定影响参数。影响参数等于出口价格弹性乘以 GDP 中出口所占的份额。每个经济体的出口弹性是不同的，因此可以反映主要贸易合作者的较大或较小汇率反应的差异性（例如，产品构成的影响及汇率的传导效应）。

　　SMIM 模型的解与一个国家兑美元的双边汇率变化与有效汇率变化的目标函数相一致。这个解就是一个矩阵代数问题的答案，在这个矩阵中双边汇率发生变化，有效汇率发生变化，并且贸易权重也进入方程，该方程的解不唯一，因为目标有效汇率比兑美元的未知汇率多一个。该书解决这个问题的方法是把所有可能汇率变化的集合取平均值来代替缺少的汇率值。

　　William（2011）利用 FEER 模型对各国均衡汇率进行了研究，认为与 2010 年相比，美元需要较大的贬值，经常账户未来预期不够理想，并认为应该对人民币重新进行有效的估值，并且与美元相比，人民币应该有较大的升值空间。

　　FEER 方法也具有缺陷和不足。FEER 关注基本经济因素的影响，但是基本经济因素的确定是主观的，同时资本账户的中期均衡值也需要主观判断，并且这些均衡条件可能是不能实现的理想结果。FEER 不能给出均衡汇率的动态调整过程，同时它是流量均衡方法，没有将长期存量均衡考虑进来。该方法同样没有考虑货币市场和资产市场均衡，该方法不完备。

　　为了解决 FEER 方法过于理想化的问题，Clark 和 MacDonald（1998）提出一种简约方程理论——行为均衡汇率（Behavioral Equilibrium Exchange Rate，BEER）理论。他们利用简约模型代替 FEER 来估计均衡汇率。该方法既可以用于测算均衡汇率，又可以用于解释现实汇率中的周期性变动。

四　行为均衡汇率理论

　　Clark 和 MacDonald（1998）提出的 BEER 方法采用了风险调节的实际利率平价关系。很多研究者也用这种方法对均衡汇率进行建模，如 Faruqee（1995）和 MacDonald（1998a，1998b）提出：

$$\Delta q_{t+k}^{e} = r_{t,t+k}^{e} - r_{t,t+k}^{*e} + \lambda_{t} \tag{2.7}$$

　　其中，Δq_{t+k}^{e} 是在 t 期对 $t+k$ 期实际汇率的预测值（q_{t+k}^{e}）与在 t 期观测的实际汇率（q_t）的差分，$r_{t,t+k}^{e} = i_t - \Delta p_{t+k}^{e}$ 和 $r_{t,t+k}^{*e} = i_t^{*} - \Delta p_{t+k}^{*e}$ 分别表示国内和国外事前实际利率，λ_t 度量风险溢价。考虑相关债券供给的函数，则上式可以重新用下式表示：

$$q_t = q_{t,t+k}^e - (r_{t,t+k}^e - r_{t,t+k}^{*e}) - \lambda_t \qquad (2.8)$$

如果 $q_{t,t+k}^e$ 被解释为实际汇率的"长期"或系统的成分，则 $q_{t,t+k}^e$ 可以假设是基本因素的预期值，并且在（2.8）式中可以用 $\bar{x}_{t,t+k}^e$ 来代替：

$$q_t = \bar{x}_{t,t+k}^e - (r_{t,t+k}^e - r_{t,t+k}^{*e}) - \lambda_t \qquad (2.9)$$

其中，λ_t 是时变的风险溢价。根据理性预期，（2.9）式可以写为：

$$q_t = \bar{x}_t - (r_t - r_t^*) \qquad (2.10)$$

实际中，实际汇率可以写为中长期基本变量（x）和短期变量（z）的函数：

$$q_t = q_t(\bar{x}_t, \bar{z}_t) \qquad (2.11)$$

估计 BEER 的过程主要分为五个步骤：

（1）估计实际汇率、基本经济变量和短期变量之间的统计关系，等同于估计一个汇率模型的简化形式。

（2）计算实际汇率失调。短期变量设定为零，并且将在步骤（1）中确定的基本变量的实际值代入估计的关系中。可以用实际汇率的拟合值和实际值的差值表示实际的失调。

（3）确定长期或持续的基本变量的值。可以通过将序列分解为持久和暂时成分（如使用 HP 滤波或 BN 分解），或者通过长期值的主观评价来确定（Baffes et al. , 1999）。

（4）计算总的失调。在这种情况下，基本变量的长期值被代入关系式中，短期变量再次设为零。总的失调是当使用基本变量的持续值时实际汇率的拟合值和实际值的差异。

（5）给定均衡实际汇率值，名义均衡汇率也可以被导出。

与 FEER 相比，BEER 的优点是不仅考虑了中期基本经济因素，也考虑了短期和长期经济因素，并将回落失调进行了划分。同时，BEER 将存量因素考虑进来，作为均衡汇率的决定因素。但是，BEER 也有缺陷：短期、中期、长期划分主观性较强；无法给出均衡汇率的动态调整；也是局部均衡方法。

李艳丽、黄英伟（2015）在 BEER 模型中加入央行干预这一因素，分析了人民币汇率的决定，并说明央行干预会引起人民币实际有效汇率的贬值。

五 自然均衡汇率理论

自然均衡汇率（NATREX）理论是由 Stein（1994，1995，2002）提出的，同样是基于内部—外部均衡框架。与 FEER 方法相比，NATREX 方法将均衡实际汇率划分为两个范围，即中期和长期。在中期，实际汇率可以看作内部与外部均衡同时实现时的均衡，与 FEER 方法类似。然而，内部均衡的定义与 FEER 方法中的定义有细微的差异，因为该方法是以充分利用的生产力而不是使用非加速通货膨胀失业率来定义的。正如在 FEER 方法中，外部均衡可用经常账户的持续性度量：

$$CA - (S - I) = 0 \tag{2.12}$$

经常账户等于净出口减去国债/资产乘以净收入支出/流入，即净收入因子应该等于长期净资本流入，而净资本流入由储蓄和投资决定。

现在考虑投资、消费函数和贸易均衡的决定因素，并通过国内账户联结起来，如（2.16）式所示：

$$\frac{I}{Y} = f\left(\overset{+}{a}, \ \frac{\bar{K}}{Y}, \ \bar{r}, \ \overset{+}{Q} \right) \tag{2.13}$$

$$\frac{C}{Y} = f\left(\frac{\overset{+}{K}}{Y}, \ \overline{\frac{FDEBT}{Y}}, \ \bar{Z} \right) \tag{2.14}$$

$$\frac{NX}{Y} = f\left(\overset{+}{Q}, \ \frac{\bar{D}}{Y}, \ \frac{\bar{D}^*}{Y}, \ \overset{+/-}{TOT} \right) \tag{2.15}$$

$$\frac{I}{Y} + \frac{C}{Y} + \frac{NX}{Y} = 1 \tag{2.16}$$

其中，I 表示投资，C 表示消费（居民消费与政府消费总和），K 是资本存量，$FDEBT$ 为外债，NX 为贸易均衡，D 和 D^* 分别表示国内与国外需求，$\bar{Z}$ 表示外生变量，最重要的是用社会节俭参数表示社会的储蓄偏好，Y 表示 GDP。解释变量上方的"＋"和"－"表示假设的变量与被解释变量之间的关系。将前三个方程代入第四个方程，解出实际汇率（Q），即得到中期实际汇率或者 NATREX。实际上，第一个到第三个方程使用经济计量方法，估计的中期 NATREX 是通过将估计的参数用于系统解出的。

在 NATREX 模型中，外债和资本存量的变化反馈到了均衡的变化中。例如，资本账户的恶化将导致外债的增加，从而财富减少（$K - FDEBT$），导致消费降低。这样会造成进口需求降低，实际汇率贬值，结果使经常账户得到改善，并减少外债。这个反馈机制最终会实现外债的稳定。

与 FEER 方法相比，NATREX 方法的优点是考虑了资本存量和净外债对长期汇率的影响，也描述了实际汇率从中期到长期的路径。中期 NATREX 是基于资本存量和外债的当前值，与中期 NATREX 相比，长期均衡是在考虑资本存量和外债处于稳定状态下推导出的，分别用（2.17）式和（2.18）式给出：

$$\frac{K}{Y} = \frac{1+g}{\delta+g} \cdot \frac{I}{Y} \tag{2.17}$$

$$\frac{FDEBT}{Y} = \frac{1+g}{g} \cdot \frac{CA}{Y} \tag{2.18}$$

其中，δ 表示资本存量的折旧率，g 表示 GDP 的增长率。

为了说明中期和长期实际汇率的差异，Stein（1995）考虑了两种情形：一种是储蓄倾向的降低，另一种是生产率的提高。在这两种情形下，中期 NATREX 的值都增加。在第一种情形下，储蓄降低就意味着消费的增加，折旧导致当前经常账户和外债恶化。结果是资本流入造成实际汇率升值，使内外部恢复均衡。然而，在长期，实际汇率贬值，因为增加的外债引起了利率支付增加。事实上，实际汇率贬值可以改善贸易条件从而达到贸易均衡。正如储蓄的例子，一个正的生产力冲击也会使中期实际汇率升值，进而使经常账户赤字和外债增加。然而，与储蓄倾向的例子相比，生产力的提高可能导致长期实际汇率的升值，因为除了外债，资本存量也在中期增加。结果使得生产率进一步增加，导致更高的 GDP 增长，从而产生更多的储蓄。照这样发展下去，在长期，外债降低、实际汇率升值以实现均衡、改善经常账户。然而，更高的资本存量表示更高的进口，可能会抵补实际汇率的一些升值。

将生产力和储蓄作为实际汇率的决定因素，使 NATREX 看起来成了一个分析转型国家汇率的重要工具。然而，与 FEER 相比，NATREX 通常会写成简化的形式，如（2.19）式所示，这是最常用的估计 NATREX 的方法：

$$Q = f(a, \frac{K}{Y}, r, \frac{NFA}{Y}) \tag{2.19}$$

NATREX 这种均衡度量方法的简化形式与 BEER 相似。

六　持久均衡汇率理论

持久均衡汇率（Permanent Equilibrium Exchange Rate，PEER）理论模型中的实际汇率（q_t）可以分解为持久成分（q_t^p）和暂时成分（q_t^T）：

$$q_t = q_t^p + q_t^T \tag{2.20}$$

其中，持久成分 q_t^p 用于度量均衡。很多文献都研究如何从经济序列中提取出持久成分，最著名的就是一元和多元 BN 分解。Huizinga（1987）首先从实际汇率的 BN 分解中得到并描绘出持久成分，然后对特定货币的高估或低估的程度进行了推断。Cumby 和 Huizinga（1990）使用多元 BN 分解用于相同的目的。Clarida 和 Gali（1994）则显示，一元和多元分解给出不同的失调度量，并且这两种度量可能给出相矛盾的结论。

Clarida 和 Gali（1994）使用结构向量自回归（Structural Vector Autoregression，SVAR）方法提取需求与供给冲击（作为实际汇率的持久成分）和名义冲击（作为实际汇率的暂时成分），并画图显示三种冲击对美元兑加拿大元、德国马克、日元和英镑的双边实际汇率的影响。MacDonald 和 Swagel（2000）应用 Clarida-Gali 方法分析德国马克、日元、英镑兑美元的双边汇率；特别解释了周期或经济周期成分是需求与名义冲击之和，将它们在实际汇率中提取出来，便得到了可替代的汇率持久成分。

Clark 和 MacDonald（2000）也从向量自回归系统中计算得到了

持久成分，并将其解释为均衡的度量，就是所谓的 PEER。与使用 SVAR 相比，PEER 不依赖 Blanchard-Quah 类型约束，但是进入 VAR 的变量之间要保证存在协整关系并且依赖 Gonzalo 和 Granger（1995）的分解。Clark 和 MacDonald（2000）还将 PEER 解释为对 BEER 的修正。例如，替换 BEER 方法的第三、第四步骤，用 Gonzalo-Granger 方法将拟合估计的长期关系分解为持久成分和暂时成分，这样的 BEER 通常被称为 PEER。

七　国际收支均衡汇率理论

国际收支均衡汇率（Balance of Payments Equilibrium Exchange Rate，BPEER）理论是 Mischal Rubaszek（2003）在研究波兰汇率失调情况时提出的，其和 BEER 理论类似，但是对实际汇率的定义和理论应用背景有所差异。具体表达形式为：

$$BPEER = f(Y, Y^*, nfa, r - r^*) \tag{2.21}$$

其中，Y、Y^*、nfa、$r-r^*$ 分别表示国内需求、国外需求、净国外资产和实际利率差。其缺陷和 BEER 类似，这里不再赘述。

八　资本增强型均衡汇率理论

这部分主要介绍资本增强型均衡汇率（Captial Enhanced Equilibrium Exchange Rate，CHEER）方法（MacDonald，2005）。这个方法的主要优势是非常易于处理，并且对发达国家和转型经济都可以提供合理度量，特别是在使用其他方法而缺少数据的情况下。这个方法基于 PPP 的卡塞尔阶的观点，认为由于非零利率差，汇率可能偏离所确定的 PPP。在完全卡塞尔阶 PPP 的情况下，非零利率差只对实际汇率有短暂的影响，而该模型认为在中期或经济周期内非零利率差对汇率具有影响。因此，实际汇率的长期持续性可以由利率差反映。因为这个方法只需要有限的变量，对于转型经济体，数据限制通常很严重，所以这种方法比较便利。下面分别从统计的观点和经济的观点考虑 CHEER 方法。

因为利率差通常被经验证明是一阶单整过程（Juselius and MacDonald，2000），所以适当的利率差和实际汇率可以整合成一个平稳的过程：

$$[e_t + \beta_1(p_t^* - p_t) + \beta_2(i_t - i_t^*)] \sim I(0) \tag{2.22}$$

其中，e_t 表示实际汇率，p_t^* 和 p_t 分别表示外国和本国的价格水平，i_t^* 和 i_t 分别表示外国和本国的利率，$I(0)$ 表示平稳序列。

因此，CHEER 方法包括下面的变量：

$$x_t' = [e_t, \ p_t, \ p_t^*, \ i_t, \ i_t^*] \tag{2.23}$$

作为均衡汇率的度量，CHEER 是一个中期均衡概念，因此不能反映流量持续性。当无法获取净国外资产和其他基本经济变量时，这个方法提供了对均衡的有用度量。

九 其他的均衡汇率决定理论

Michael Mussa（1986）研究了汇率的决定理论，实证研究 19 世纪 70 年代美元与其他货币（包括英镑、德国马克、法郎等）的浮动汇率，发现汇率的随机行为有一些特征：（1）即期汇率的统计检验表明汇率服从不含趋势项的随机游走过程。（2）即期汇率与远期汇率具有相同的运动趋势，并且变化量也相似，特别是当变化比较大时。（3）与购买力平价理论相反，汇率变动与国内价格水平变动关系不密切。（4）在当时的浮动汇率时期，不容易出现剧烈的贬值，也不容易出现剧烈的升值。（5）国内货币供给扩展较快的国家也经历了较快的贬值。

有的学者从资本市场的角度研究汇率决定理论，即将汇率看作资产价格，如股票、长期债券以及各种金属和农产品交易品。Yu-chin Chen（2010）运用宏观金融学方法研究汇率的决定理论，她认为，名义汇率既是一个宏观经济变量，平衡国际市场，又是一种资产价格，具有预期与各国货币相关的价格风险的作用；其将宏观经济与金融策略结合起来对汇率进行建模，通过实证证实了汇率既是一个宏观经济变量，又是一个金融变量。该理论将汇率作为一种资产，汇率行为与其他资产价格的行为具有相似性，表明可以用一般的方法来分析这样的资产行为。将这种方法用于分析汇率，就可以建成一个简单的理论模型描述问题。

对均衡汇率有影响的因素很多，包括贸易条件、关税、外资流入或流出、出口补贴等。下面我们分别对这些影响因素进行分析。

第二节 均衡汇率的影响因素

马国轩（2013）将均衡汇率的影响因素分为政策性因素和非政策性因素：非政策性因素包括相对贸易条件、劳动生产率、对外开放程度、内外利差，其中，贸易条件和内外利差对均衡汇率的影响力正在下降；影响人民币汇率的政策性因素包括货币政策和财政政策，货币政策的有效性和灵活性不足，而财政政策中政府支出对汇率的变动影响巨大。总的来说，政策性因素的影响更大。首先看贸易条件对均衡汇率的影响，贸易条件的改善对均衡汇率会产生两种效应：收入效应和替代效应。收入效应体现在：贸易条件改善意味着实际收入的增加，而收入增加使国内需求增加，由于需求包括进口需求和国内需求，因此，贸易品和非贸易品价格都会上涨，从而将引起均衡汇率升值。替代效应是指贸易条件改善后促进了贸易产品的出口，同时也增加了进口，因此有些国内产品将被国外产品替代，导致国内产品价格下降，进而均衡汇率贬值。通常情况下，当贸易条件改善时，收入效应会大于替代效应，总体表现为汇率的升值。当贸易条件恶化时，均衡汇率贬值。人民币强势的主要原因就是中国长期处于贸易顺差。中国内需不足，进口增长缓慢，出口力度加大，再加上"一带一路"的带动，致使贸易顺差水平较高。

关税降低会导致均衡汇率贬值。原因在于关税调节的是进口产品的价格，通过提高价格可降低进口量，若关税降低，则会增加进口商品，从而对国内商品产生替代效应，导致均衡汇率贬值。外资流入通常会导致均衡汇率升值，因为流入国内的外资除较少部分用于消费外，主要用于投资。出口补贴会导致均衡汇率短期升值，生产力提高会导致均衡汇率升值。由于巴拉萨－萨缪尔森效应，技术进步也会导致均衡汇率升值。

其他地区实际货币供应量和消费水平也会对均衡汇率产生影响。孙国峰（2013）通过实证分析，认为2007年之前，世界其他地区实际货币供应量的变化对人民币均衡汇率变化发挥主要作用，2008年之后，出现相反走势；此外，世界其他地区的消费通过对中国进出口的影响，也对均衡汇率影响明显，但中国消费对人民币均衡汇率的影响较小。

第三节　均衡实际汇率变化的来源

一　实际冲击

实际事件可以改变均衡实际汇率，在相对价格之后，这个观点得到了一致的认同。争议的来源在于这样的冲击有多大、频率有多快。

均衡实际汇率变化的一个可能来源是科技进步率、产品结构的差异等导致的长期趋势的存在，潜在存在的实际汇率的长期趋势非常重要。除了长期趋势，对均衡汇率实际冲击的主要来源还可能是商品价格。对于 G5 成员，它们主要是制造产品的出口者，这样的冲击没有对初级产品出口者的冲击严重。但是，来源位置的差异可能意味着均衡汇率也受到了显著的影响。特别是石油价格的下降使自给自足的英国降低了均衡实际汇率，而使依赖进口的日本的汇率增加。

二　资本流动

一个更有争议的均衡实际汇率变化的来源是国际资本流动的变化。假设因为某些原因一个国家是暂时的资本流入国。这可能是由于技术改变、发现资源、税收政策改变，或者是因为政府赤字的扩大而引起的投资繁荣。不管是什么原因引起的，流入的资金将会投入在国内一些重要领域，增加对国内生产的非贸易品的需求，也可能增加该国物品在世界市场上的相对价格。如果资本短期内可预测，将会对均衡实际汇率存在降低的预期。

为什么这个问题备受争议呢？哪些资本流是暂时的，并且可能在不久的将来会减弱，哪些又具有长期的持续特征，这些问题的决定都存在着一定的不合理性。并且，对不同国家生产的交易物品的可替代性及在每个国家贸易品和非贸易品之间的可替代性的不一致看法，导致需要改变多大的实际汇率来适应给定的资本流也是不确定的。除了这些合理的争议，也有一些关于实际汇率与资本流之间关系的困惑，是很多经济学家不能理解储蓄—投资一致性的含义的结果。像汇率长期趋势一样，资本流也需要作为一个课题进一步讨论。

　　大部分政策制定者和很多经济学家相信，实际汇率可以暂时因为名义冲击如货币政策的变化，而偏离其长期均衡值，名义汇率的钉住策略表明在当前价格水平上实际汇率是非均衡的。理论上最著名的例子可能是 Dornbusch（1976）模型，其中，货币扩张暂时导致了较大幅度的名义贬值，远远超过随后的价格上涨。在 Dornbusch 模型的调节过程中，我们看到实际汇率先贬值、后升值的过程。名义冲击会导致实际汇率的暂时失衡，这个观点是依赖于相信以国内货币表示的名义价格至少有点黏性的。然而，除了直接检验这个命题，还有个问题，即实际中这种实际汇率波动的名义来源是否重要。实际汇率波动的名义黏性模型表明这样的波动应该是暂时的；Dornbusch 模型通常表示实际汇率应该服从一个一阶自回归过程。然而，一些研究不能拒绝在浮动汇率期间，实际汇率服从随机游走的原假设。这个结果通常被作为证据说明名义冲击是否可能起作用，实际上实际汇率变动必须主要描述永久的实际冲击。如果再深入研究就会发现，这个论点是错误的。

　　Meese 和 Kenneth Rogoff（1983）及随后的学者发现，短期随机游走过程比宏观经济模型能更好地预测汇率。Richard Lyons（2001）将宏观经济基本要素对汇率的较弱解释能力称为"汇率决定之谜"。但是，这个谜题在长期就不成立了，因为有证据表明在两到四年，汇率和宏观经济变量之间有密切联系。Philippe Bacchetta（2002）认为投资者差异在解释汇率波动问题中也起到了重要的作用。他在动态理性预期模型中引入关于宏观经济基本变量的对称信息离散度来说明汇率短期和中期与订单流有关，而和宏观经济变量无关，并且通过模型得出结论：（1）观测到的宏观经济变量对汇率波动的短期与中期变化解释力度不大；（2）在长期，汇率与观测到的宏观经济因素关系密切；（3）汇率对未来宏观经济基本变量的预测能力较弱；（4）汇率与订单流密切相关。

第四节 人民币均衡汇率的研究

张晓朴（2000）对购买力平价理论是否适用于人民币汇率进行了探讨。他基于1979—1999年人民币的名义汇率（月平均值）、中国消费价格指数、美国消费价格指数的关系，分别运用购买力平价的单变量、两变量和三变量形式进行了研究。他认为，中美消费价格指数并不能很好地解释人民币名义汇率的波动，得到的汇率均衡虽然长期存在着统计学意义上的均衡，但这并不是理论上成立的均衡汇率，所以决策者不应该依赖这样的均衡关系决定是否调整汇率及如何调整汇率。总的来说，张晓朴（2000）认为，购买力平价理论不适用自1979年以来的人民币汇率的实际变动，人民币汇率的变动可能受到某些非货币的实际因素影响，应该使用20世纪80年代以来逐步发展的基本要素均衡汇率（FEER）、行为均衡汇率（BEER）等理论。

张斌（2003）运用简约一般均衡下的单方程模型研究了中长期的人民币均衡汇率，模型中全部采用真实变量。结果表明，20世纪90年代以来中国实际汇率面临升值趋势，主要是受到贸易部门较快的生产率进步和国外直接投资持续流入的影响。刘阳（2004）构造的BEER模型包括两部分：一部分是由经济基本因素决定的系统组成部分，并使用外汇储备替代基本变量；另一部分是实际利率差。赵西亮（2006）运用行为均衡汇率模型BEER方法，估计了人民币均衡实际汇率以及人民币实际汇率的失调程度。他认为，人民币的失调程度并不像国外文献估计的那么高，人民币实际汇率基本稳定在均衡汇率附近。

任杰（2013）同样基于 BEER 方法，选择 1990—2012 年的数据，对人民币汇率的相关指标进行了分析。他建立人民币实际有效汇率的协整及误差修正模型，进行了脉冲效应分析及方差分析，测算了实际有效汇率的波动范围，认为绝大多数年份的人民币实际有效汇率是处于合理的波动区间的。他也从不同的角度揭示了人民币汇率存在的偏差及体制存在的问题。孙国峰、孙碧波（2013）应用 DSGE 模型实证测算了人民币的均衡水平，发现：1997 年金融危机前后，人民币汇率出现了高估的情况；随后，因为中国加入 WTO 及萨缪尔森效应等的作用，人民币开始被低估；2008 年金融危机后，低估幅度收窄，出现了短暂的高估；2009 年之后，实际有效汇率绕均值汇率小幅波动，人民币实际汇率趋向均衡。

卜永祥（2003）通过将货币引入消费者的效用函数和企业的生产函数，考察货币政策改变对均衡汇率的影响。实证分析表明：名义货币供应量的增长率提高，人民币将升值。税收增加，人民币有升值压力；税收减少，人民币有贬值压力。政府对贸易品消费减少，人民币有升值压力。在内外均衡的条件下，国外实际利率水平下降，将使人民币面临升值压力。

贸易条件改善、政府支出水平提高、对外净资产增加、金融发展水平提高会使均衡汇率上升；而贸易开放度的提高会使均衡汇率下降。吴骏等（2005）提出了购买力平价理论的动态表述，并运用东南亚国家 1970—1996 年的数据对动态购买力平价理论进行了检验，结果表明，动态购买力平价理论基本成立。朱鲑华（2007）在 Edward 模型的基础上分析了影响汇率变动的主要因素，包括国际收支状况、通货膨胀率、经济增长率、利率、财政赤字、外汇储备、政府干预及市场预期，比较全面地概括了所有影响汇率变动的政治、经济和心理等因素。尹亚红（2007）在货币分析法的基础上加入货币替代因素以建立模型，并运用我国相关数据对该方法进行检验，结果表明货币替代对汇率有很大影响。陈学信（2011）从国际交换价值的角度研究了一价定律的内涵，并提出了"国际购买力平价"理论。他认为，当国内外贸易条件相同时，国际交换价值与贸易品价格相同，国际购买力平价就等于贸易品购买力平价。由此可知，贸易品购买力平价只是国际购买力平价的一个特例。他证明了国际购买力平价是严格意义上的均衡汇率，并且以人民币标价的贸易品的国际购买力可以作为确定人民币是否处于均衡水平的参考。而且，通过简化净出口函数，他认为我国的贸易顺差大幅度增长，首要是因为价格贸易条件恶化，其次是因为"J曲线效应"，当前的首要任务是改善我国的价格贸易条件以提高国际购买力平价，而不是调整人民币汇率。

陈华（2013）采用经扩展的购买力平价法测算人民币均衡汇率的失调程度。通过计量分析，他认为人民币汇率在均衡和非均衡之间的转移是由央行的干预决定的，2008年以后金融危机是汇率失衡的主要原因，而不能归咎于中国汇率政策的影响，并且汇改后大部分时期，央行的干预推动了人民币汇率的均衡。李艳丽、黄英伟（2015）也在模型中加入央行干预因素，并说明央行干预会引起人民币实际有效汇率的贬值，足以说明央行干预在人民币均衡汇率决定中的重要性。

孙刚（2011）提出了汇率的"二重性"：首先，汇率可以体现另一种货币的价值；其次，汇率可以作为政府调节宏观经济的手段和工具。他将购买力平价理论与 BEER 模型结合起来，建立了新汇率决定模型。

研究人民币均衡汇率的模型很多，但李泽广（2012）认为，我国汇率水平虽然被低估，但是低估的程度不大，生产率的提高、贸易条件的改善、经济发展模式的改变及外汇储备的变化都是决定汇率变化趋势的关键因素；同时，均衡汇率变化的估值效应能够显著影响国外净资产水平。

这些方法都是对购买力平价理论的改进。本书将通过实证研究对人民币汇率的合理水平进行确定及分析。

已有的估计均衡汇率的模型都过于理想化，背景假设太多。模型越复杂，离现实越远，那样计算出来的"均衡汇率"就没有多大的现实意义。

　　当前的经济学研究还不能给出计算均衡汇率的统一方法，更没有提供具有说服力的均衡汇率，这样就会导致不同的学者得出的均衡汇率是不同的。以这样的均衡汇率作为标准分析汇率是被高估还是被低估都是不合理的，缺乏严谨的理论支持。所以，本书只是介绍了各种均衡汇率决定模型，希望将来某个模型可以发展为学术界及国民普遍认可的方法，精确地度量出均衡汇率的水平，这样就可以以这样的均衡汇率为参照系，进一步研究汇率偏离均衡值的各种问题。

第五节　本章小结

　　本章对均衡汇率决定理论进行了系统的梳理，主要介绍了购买力平价（PPP）理论、基于宏观经济均衡方法的均衡汇率理论、基本要素均衡汇率（FEER）理论、行为均衡汇率（BEER）理论、自然均衡汇率（NATREX）理论、持久均衡汇率（PEER）理论、国际收支均衡汇率（BPEER）理论及资本增强型均衡汇率（CHEER）理论。这些理论从不同的角度，研究了发达国家或发展中国家的汇率均衡问题。

　　国内学者试图运用各种经济变量解释人民币汇率变动情况，测算人民币均衡汇率，也取得了一定的成果，但各位学者所使用的理论框架基本没有超出上述模型范围。我国更需要发展出适合我国国情的均衡汇率决定理论。

第三章 汇率波动的传导机制
及影响因素分析

关于汇率波动的研究主要包括两个层面：一是研究某国的汇率随着市场供求关系的变化而上下波动；二是研究汇率波动的频率以及波动幅度，即波动的剧烈程度，如2007年5月，人民币兑美元汇率的日波幅从±0.3%扩大到±0.5%，2012年4月汇率波动区间又从0.5%变为1%，2014年3月汇率的波动区间又从1%变为2%。

本章将从第一个层面对汇率波动的传导机制进行研究，即汇率的升值或贬值会对哪些经济变量产生影响，产生的机制是什么，又是通过何种途径最终对经济变量产生影响。具体来讲，我们将探讨汇率波动如何对进口商品的价格、国际贸易、外国直接投资、就业、利率等方面产生传导效应。研究人民币汇率波动的传导机制，主要是希望可以从各国汇率波动对经济的影响中吸取有益的经验，以对我国未来的汇率政策或汇率制度选择有所启发。

第一节 汇率波动传导效应的影响因素

影响汇率波动传导效应的因素有经济体制、汇率制度、社会经济形态、对外开放程度、经济运行情况及市场供求等。

与常采用行政命令的计划经济相比，在市场经济条件下，汇率波动传导效应能更充分地发挥作用。在市场经济发展较晚的国家，政府通常会通过外汇干预或行政命令等方式干预经济活动，因此汇率波动的传导机制会受到较大的约束。在市场经济较为发达的国家，汇率波动的自发调节能力较强，汇率波动传导的灵敏度较高，可以更好地发挥调节经济的作用。

汇率制度是各国货币兑换的规则。汇率制度规定了允许汇率波动的幅度。1999 年，国际货币基金组织将汇率从完全浮动汇率到完全固定汇率进行了分类，主要标准是汇率波动幅度的大小。一般认为，汇率波幅越大，说明汇率的市场化程度越高，汇率波动传导就越敏感。在浮动汇率制度下，汇率波动能起到"自动调节器"的作用，即能够通过影响相对价格，在国际收支出现失衡时对国际收支状况自发调节，实现经济调节的功能。同时，汇率变化也会影响一国各经济部门及其他国家的经济。

对外开放程度也会影响汇率波动的传导效应，一个国家对外开放程度越高，汇率就越能反映重要的经济信息，传导效应也更有效。

此外，一国所处的历史时期不同，其汇率所表现出的波动特征也不同。不同的国家因为经济环境不同，汇率波动传导机制也不同，我国经济发展进入新常态后，通过汇率波动对国外经济的影响也将发生显著的变化。因此，汇率波动的传导机制会因不同时期、不同国家而表现出差异。同时，国家经济规模的大小、国家政治经济环境等也会对汇率传导机制产生影响。我国是经济强国，同时国内政局稳定，而且汇率制度保证了汇率不会有大的变动，这保证了汇率传导的有效性。

第二节　汇率波动对经济的传导效应

汇率波动要对经济产生影响，就必须要通过一定的传导机制来实现。本节的重点就是要研究汇率是如何影响经济的。汇率波动传导过程的基础是相对价格的形成。因为汇率本质上就是两国货币价值的交换比例，即汇率的二重性质之一（孙刚，2011）。汇率使各个国家的商品价格具有可比性，它的变化会导致商品价格发生变化，从而影响其他经济变量，如利率、对外贸易等。

图3-1描绘了汇率波动的传导过程。汇率波动对各种经济因素的传导不是相互独立的，汇率的传导就像一张错综复杂的网，其中的各经济因素在汇率波动的影响下发生变化，同时产生的变化又会对其他因素产生影响。例如，汇率波动引起利率发生变化，而利率变化又导致外国直接投资流向变化，这又会反过来影响汇率、利率及就业等经济变量的一系列变化，最终表现为经济增长的变化。

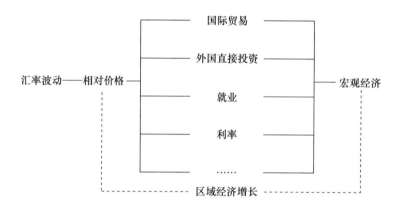

图3-1 汇率波动的传导过程

汇率波动的传导机制有"自动调节器"的作用。如果一国对外贸易长期持续逆差，那么国际收支将会出现严重赤字，从而导致汇率下降、本币贬值。本币贬值，又将使国内生产要素价格相对于国外价格下降，从而增加了外国直接投资，出口增加，改善了贸易条件。

汇率波动的传导机制是指汇率的运动变化引起经济其他各方面发生相应变化，从而对整个经济产生影响的过程。汇率波动会对经济的各个方面产生影响，如商品的相对价格、国际贸易、外国直接投资、就业和利率等，下面我们将分别研究汇率波动对这些方面的影响。

一　汇率波动对价格的传导效应

汇率传导最早由 Goldberg 和 Kneaer（1997）给出定义："在商品进口国和出口国之间，汇率变动导致以本国货币表示的进口商品价格的变动程度。"汇率传导的概念随后又得到了扩展。Obsffeld（2000）认为，汇率波动不仅对以本币表示的进口商品价格产生影响，而且还会对国内整体的物价水平产生影响。这样，汇率传导的概念就扩展到进口国与出口国之间汇率波动会导致国内整体物价水平变动的程度。Obsffeld 和 Rogoff（2000）将汇率传导分为直接传导效应和间接传导效应两个阶段：第一个阶段表示在进出口时点上汇率的变动将直接传导到进口商品或出口商品的价格中，从而引起价格的相应变动；第二个阶段是进口商品或出口商品的价格波动将通过生产、贸易等途径传导到两国国内商品的价格中，进而使得价格水平整体发生变动。一般来说，汇率传导既不是完全传导，也不是完全不传导，汇率传导往往是不完全的。

汇率传导问题一直广受关注。汇率传导研究汇率变动多大程度可以被传导到交易商品的价格中。汇率传导的量化定义为：由出口国与进口国 1% 汇率变化导致的进口价格的百分比变化。这个关系的检验依赖于（3.1）式中的系数 γ：

$$p_t = \gamma e_t + \varepsilon_t \tag{3.1}$$

其中，e_t 表示汇率的自然对数形式，p_t 表示进口价格的自然对数形式，γ 为待估参数。尽管这个模型很普遍，但是这种简化形式的方程（对数形式或增长率）存在着假设检验的问题，因为该模型描述了一个非结构统计关系。

Knetter（1989）和 Yoshida（2009）给出了用标准的回归方程估计汇率传导的程度，即：

$$\Delta \ln p_{it} = \alpha_i + \beta \Delta \ln S_{jt} + \gamma \Delta \ln PPI_{it} + \delta \Delta IPI_{jt} + \varepsilon_{it} \tag{3.2}$$

其中，Δ 表示一阶差分算子，i、j 和 t 分别表示本国出口商品、出口国与时间；p_{it} 表示 t 时期出口商品的价格；α_i 是横截面效应；S_{jt} 表示 t 时期双边名义汇率；PPI_{it} 表示 t 时期基于本币的生产价格指数（用于代替出口国的边际成本）；IPI_{jt} 表示 t 时期出口国 j 的工业生产指数（用来代替目标市场需求）；ε_{it} 为误差项。

Akira Otani 等（2003）根据 Taylor（2000）的研究从宏观的角度检验了汇率的传导效应。Campa 和 Goldberg（2002）对 1980—2001 年日本汇率对总的出口价格的传导性进行了检验，说明日元汇率对日本进口价格指数的传导在 20 世纪 90 年代下降了，主要发生在 20 世纪 80 年代晚期到 90 年代中期。此外，他们还表明传导性的下降主要来源于每种商品的汇率传导的下降，而不是从原材料到具有低汇率传导的产成品进口份额的转变。汇率传导效应的降低并不表示汇率波动对宏观经济波动的关联性不重要。文中实证检验了汇率对总的进口价格指数的传导，也关注汇率传导下降背后的影响因素，主要包括：（1）日本汇率突然大幅升值，同时贸易结构发生变化；（2）世界范围内的低通货膨胀环境。

2000 年以后，关于汇率对总的进口价格的不完全传导的理论与实证研究又受到了关注。过去个体出口商设定出口价格，研究的是给定的汇率对总的价格指数的不完全传导，现在焦点已经转换成汇率对进口价格的不完全传导了。重新关注汇率对进口价格不完全传导的原因是：世界范围内低通货膨胀在理论方面研究的发展、汇率波动及其对宏观经济调整的影响。

Taylor（2000）对世界范围内的汇率传导性下降进行推测，认为下降的原因主要是：企业发现在以世界范围内的竞争压力和低而稳定的通货膨胀为特征的经济环境下，将汇率行为完全传导给出口价格越来越难。Taylor 的推测对将来的价格发展具有重要的意义。只要是持续较低且稳定的通货膨胀，汇率的传导性就会持续较低，并且通货膨胀也会因此继续保持在较低且稳定的水平。这就意味着在价格发展与企业定价行为之间存在着良性的循环。

国内也有很多学者研究汇率波动对价格的传导效应。张海波（2011）将样本数据按时间分为三个阶段，通过实证分析认为人民币汇率波动会影响物价的波动，但不是最主要的影响；当经济稳定时，汇率波动对 PPI 的传导效应小于对 CPI 的传导效应，当经济不稳定时，汇率波动对价格的传导效应更为明显。同时，得出的结论认为，汇率在我国是不完全传导的，并且 CPI 和 PPI 的变化并非完全来自汇率波动。梁雅敏（2010）基于新开放宏观经济学理论对汇率的不完全传导原因进行了分析，认为：从微观角度看，主要有因市定价、产品的价格需求弹性、国内产品对进口产品的替代程度等；从宏观角度看，可能的原因有经济开放度、汇率波动性和通货膨胀环境等；此外，生产成本和配送成本、资本市场的不完全以及国内偏好等都可以解释汇率传导沿着定价链条的下降。曹伟、申宇（2013）通过实证分析对汇率对进口价格水平的传导效应进行了研究，得到了人民币汇率对进口价格的传导效应是普遍偏低的，2005年汇率改革之后传导效应有所增强的结论，并且说明外资跨国企业所表现出来的内部贸易的特征，降低了进口商品的汇率传导效应，同时近年来大宗商品中的初级产品与工业制成品进口额的比值的提高，也导致了汇率传导效率的降低。李富有、罗莹（2013）及王胜、田涛（2015）分别对人民币汇率对物价水平的传导效应进行了分析，都得出了汇率对物价水平的传导效应是存在的，但是传导并不完全的结论。肖卫国等（2015）也对汇率的价格传导进行了研究，认为汇率的不完全传导的程度越高，美国货币政策的冲击对中国的通货膨胀、利率及产出的影响就越小。

二　汇率波动对国际贸易的传导效应

汇率是各个国家进行贸易往来的前提，是连接各国之间贸易的桥梁。汇率波动对一个国家贸易最直接的影响就是商品的进出口。汇率对贸易的影响主要体现在两个层面：（1）汇率水平的变化通过价格机制影响出口产品的国际竞争力；（2）汇率波动所带来的风险通过影响贸易部门厂商决策而影响进出口，进而影响贸易厂商的利益分配。这种影响会因贸易者看待风险的态度而有所差别。

关于汇率波动对国际贸易影响的研究，长期以来都是关于汇率体制选择的争议的中心。支持固定汇率的人认为，浮动汇率制度的到来，使汇率产生超额波动并且偏离了均衡汇率，而且这种情况将在一段时间内持续出现。他们认为，汇率波动阻碍产业从事国际贸易并损害贸易协定中各方利益。相反，浮动汇率制度的支持者认为，汇率主要由宏观经济基础变量决定，因此在固定汇率下，基本面的变化将需要相似的但更陡峭的运动。固定汇率制度不会降低非预期的波动，而更大的汇率灵活性有利于支出账户调整以应对外部冲击，因此降低了增加保护性贸易壁垒或影响资本控制以达到均衡的需要。

我们要度量汇率波动对国际贸易的影响，首先要回答的问题就是用什么变量可以代替贸易者面对汇率变动所产生的不确定性和调节成本。问题的答案并不唯一，因为不同类型的不确定性对不同类型的企业或者经济体的影响是有差异的。有一些问题关系到汇率自身的度量，即汇率是双边汇率还是实际或名义有效汇率，并且度量风险方法是否适当，是否适应短期与长期、事前与事后、偏离趋势的离差与逐期的变动。选择双边汇率还是有效汇率主要依赖于我们是希望度量这个经济面临的不确定性还是贸易个体面临的不确定性，以及贸易商多样化程度。名义汇率的短期波动与贸易厂商潜在的个体交易有关，买卖价格在交易前是已知的。

汇率波动可以通过不确定性和调整成本直接影响国际贸易，或通过产出结构、投资与政府的政策间接地起作用。汇率风险对贸易的影响理论上有正向和负向两种观点。一派认为，汇率的波动性将导致贸易中风险的增加，如果贸易厂商无法规避该风险或规避风险成本过高时，风险厌恶的厂商会降低其贸易量；公司是否愿意从事国际贸易主要依赖其对长期受益的评估。在最简单的贸易模型中，更高的贸易风险将会增加以外币表示的出口销售利润的不确定性，导致风险规避的出口商降低出口的供给，增加风险规避的程度。波动的影响同样依赖风险暴露的程度，风险暴露程度是货币面值合同、套利可能性、进口原材料和其他因素的函数。公司之所以不能通过远期套利完全消除非预见的变化，是因为远期市场可能不是发展完善的。对于贸易厂商来说，具有较短的订货与发货的滞后时间，套利应该相对简单与便宜，而对于制造厂商来说就更困难，成本更高，因为它们要有长期的计划时期。De Grauwe（1988）认为，汇率错配将使贸易保护的压力增加，对贸易产生负面影响。曹阳、李剑武（2006）也认为人民币汇率波动对出口产生负向冲击。另一派认为，汇率波动可能对贸易有正向影响。该结论主要是从期权定价理论得来的，认为未执行的贸易合同相当于期权，风险越大，收益越大。所以，汇率波动增加的风险可能更会促使贸易商增加出口（Sercu and Vanhulle，1992；Dellas and Zilberfarb，1993）。还有些学者认为，汇率波动与贸易之间的关系是不确定的。Cote（1994）认为，不论进出口贸易总量还是双边贸易，都不能给出汇率波动与贸易之间明确的关系。Chou（2000）、Barkoulas（2002）等也同样认为，理论上无法判断汇率波动性与贸易量之间的关系。而李广众和Voon（2004）认为，汇率波动对制造业各细分行业出口影响不同，不都表现出负向冲击。

Gagnon（1993）通过利用模拟分析的方法证实了汇率波动对解释贸易流没有起到重要的作用。作者通过理性预期与调节成本推导出了动态最优模型，发现风险规避的贸易者认为汇率波动会降低贸易的水平。文章表明，在布雷顿森林体系瓦解之后所发生的实际汇率波动的增加已经降低了1%—3%的贸易量，但是这些效应太小，不容易看出统计显著性。Bini – Smaghi（1991）通过对1976—1984年的德国、法国和意大利进行的研究，发现汇率波动对这三个国家的出口量均有负的显著的影响，同时对价格也有显著影响。

Giovannini（1988）表明汇率不确定性可以影响预期收益和风险中性的出口国的决策。生产者有能力区分国内与国外市场的差异，并选择结算货币。金融市场是完备的，但是商品市场是不完善的，公司必须在每期期初给定价格。当出口价格以外国货币给定，国内商品出口价格就不受汇率风险影响。然而，当出口价格以国内货币表示，预期收益随汇率风险而不同。预期收益可能会增加，导致公司降低出口价格。

Mann（1989）根据五个产业类别的美元汇率趋势及其波动对日本和德国出口价格的影响，构造了这些产业的目标加权汇率。汇率波动对美国的出口价格有负的影响，美国产品的购买者承担了风险。三个产业的影响显著在10%的水平上。对于日本和德国，通常效应是正的，一般不显著。Mann（1989）又检验了汇率波动的一次效应和二次效应。后者说明传导如何受波动的影响。汇率的波动幅度较大时，竞争力的变动在影响价格的策略中并不那么重要，并且公司更倾向于在目标市场中稳定出口价格。风险规避程度不同，传导的大小也不同。汇率风险的增加容易增加国外购买者的价格，不管结算货币的选择如何。然而，对国内商品价格的影响主要依赖于传导弹性的大小。出口国的风险规避程度越高，国内商品价格就越可能随风险增加而提高。进口国的风险规避程度越高，出口国就越可能吸收一些汇率风险，这样出口国国内价格将下降。因为购买者的风险规避只关系到用国内货币结算的情形，在以国内货币表示的汇率风险与出口价格之间的负相关表明了国内货币结算策略。

　　Feenstra 和 Kendall（1991）扩展了 Mann 的分析，通过考虑最优的远期策略，检验了估计的风险溢价与汇率波动对出口价格的影响。当价格用国内货币表示时，公司不能覆盖国外汇率市场，因为需求是不确定的。因此，即使远期汇率市场存在，早期的结果也成立，即汇率风险的增加降低出口价格。然而，当公司以外币设定价格时，它们可以包含所有收入，并且公司覆盖的程度将依赖于远期汇率如何与预期汇率的比较（风险溢价）。如果没有风险溢价，公司将全部包含收入，汇率波动将不会影响公司最大收益的决策。如果远期汇率低于预期收益率，公司则将面临预期收益与收益方差之间的权衡，并选择包含一部分收入，那样的话，出口价格增加。依据这个分析，Feenstra 和 Kendall 得出结论：如果风险溢价是负的，且是显著的，汇率波动在总的出口价格方程中的影响是不确定的，并且可能是不显著的，正如它将用国内货币结算的负的影响与公司用外国货币的正的影响结合起来；如果风险溢价是不显著的，汇率变动应该对价格有负的影响，正如它将出口国用外国货币结算反映的缺陷与用国内货币结算的正的影响结合起来。

　　还有一些关于汇率波动对贸易影响的分析是基于不确定条件下的公司生产理论，传统模型检验单个公司的行为，该公司的收益直接与单边汇率的变动相关。早期 Clark（1973）构建了一个出口公司模型，假设在完全竞争下生产同质商品，并直接全部在国外出售。在这个最简单的模型中，公司使用国内原材料，并且以本国货币表示的出口商品的价格是外生变量。公司获得外币支付，不允许套利。产出在计划周期内是常量。未来汇率的不确定性转换为未来以本币表示的出口收益的不确定性。公司必须要确定出口水平以考虑不确定性，它使收益的预期值达到最大。假设该模型是以本国货币表示收益的二次函数 $[U(\pi) = a\pi + b\pi^2]$。对于风险规避（$b < 0$），一阶条件要求边际收入超过边际成本。公司必须对所承受的汇率风险进行补偿，供给曲线改为左偏，并且生产量与交易量下降。一个风险规避的公司想降低它的风险披露。通过减少出售，预期收益与收益方差都下降，但是预期效用增加。如果投入要素是进口的，出口供给的紧缩程度将减小，收益的方差将不会与汇率方差同比例增加。只有在极端的情形下，以国内货币表示的收入与成本完全相关，这时汇率波动将对收益的方差没有任何影响。

三　汇率波动对外国直接投资的传导效应

外国直接投资（Foreign Direct Investment，FDI）是指一国企业直接在国外建立工厂或者拥有国外企业资产的所有权，而不是通过在证券市场上购买国外公司的股份而获得的所有权。

我国改革开放以来，一直推出引进外资的优惠政策，使得国内外商投资规模迅速扩大。十八届三中全会对外资企业投资进行了规定，除了垄断行业如天然气、石油、电网、电信、粮食、稀有金属和媒体不可进入，其他行业外资企业都可以进行投资，包括银行，政府给了外资更大的优惠，希望其在中国可以进行更大的投资。研究汇率波动对外国直接投资的传导效应的理论主要有相对生产成本效应理论（Cushman，1988）和相对财富效应理论（Froot and Stein，1991），两种理论均认为某个国家的货币贬值将促使 FDI 流入。相对生产成本效应理论认为，汇率水平的变动会对东道国的生产成本产生影响。例如，汇率贬值，投资国国内生产成本相对较低，特别是劳动力成本，那么使用相同数量的外资就可以获得更多的劳动力，提高资本收益，从而促进 FDI 的流入。同样，汇率升值时，劳动力成本上升，导致资本收益降低。近年来，我国正是因为汇率不断升值，导致国外厂商在国内的劳动力成本大幅提高，使得外国直接投资所获得的收益越来越少，所以陆续有国外厂商将企业迁出我国，如低端制造业企业开始迁往东南亚，中高端制造业企业开始迁回美国。2012 年 2 月，美国波士顿咨询公司对美国 106 家在华企业进行的调查发现，有 37% 的企业决定回流美国；2013 年 9 月又对美国 200 家公司高管进行调研，发现已经迁回和准备迁回的比例占54%。这说明我国的外国直接投资在汇率不断升值的影响下减少了。Froot 和 Stein 提出了"财富效应"这一说法，认为货币贬值造成外国投资者在本国的投资成本下降，并用该理论解释了 20 世纪 80 年代的日本跨国公司因日元大幅升值而大量收购美国资产的现象。相对财富效应理论认为，本国货币贬值将提高国外投资者的相对财富，从而更有利于国外投资者在本国投资。而 Campa（1993）认为，货币贬值将抑制 FDI 的流入，因为海外投资决策将受到未来收益预期的影响，一国货币越坚挺，进入该国进行投资的预期收益就越高，这样就会吸引较多的 FDI 流入，而货币贬值会使投资者丧失投资的信心，从而减少投资，阻碍 FDI 的流入。

四 汇率波动对就业的传导效应

外部经济条件和全球化对国内劳动力市场的影响是近年来研究的热点。最近又有学者通过对国际金融危机进行模拟来研究贸易对失业率的影响。结果显示，在金融危机过去的几年里，很多经济合作与发展组织（OECD）成员的失业率仍然很高。

通常汇率波动对就业的传导效应主要体现在两个方面：（1）汇率波动对就业率有一定的影响；（2）汇率波动会引起工人工资的变动。现有的关于汇率波动对就业传导效应的文献基本得出一致的结论：货币贬值会促进就业增加，失业率降低；货币升值则使就业减少，失业率上升。但是，这样的分析并没有区分行业，因为不同的行业受汇率的影响是不同的。

Goldberg 和 Tracy（2001）研究了工资对美元变动的敏感度及影响路径。研究发现，对于低学历者，工资变动更敏感，美元变动主要影响换工作的人；对于某些特殊工种，美元波动将对工资产生显著的影响。此外，工资的弹性要大于就业的弹性。

Klein 等（2003）利用美国 1973—1993 年制造业相关数据，通过估计实际汇率对劳动力再分配的效应确定贸易相关的成本调整。研究显示，汇率的趋势对工作的再分配有显著影响，但是对净就业没有影响。周期性汇率只是通过岗位破坏而影响净就业。

Demir（2009）使用从 Cobb – Douglas 生产函数推导出的确定劳动需求的一般简约形式，研究了发展中国家（以土耳其为例）汇率波动对就业的影响；通过对 1983—2005 年汇率波动对土耳其的 691 家公司就业情况的分析，发现实际汇率的增加（升值）对就业增长有显著的负向影响。

汇率波动能够通过多种渠道影响就业决策。例如，汇率波动可以直接通过销售、利润、投资风险和计划影响公司的就业（Aizenman and Marion，1999；Demir，2009a，2009b，2009c；Federer，1993；Pindyck and Solimano，1993），也可以通过提高通胀的不确定性降低就业，以损失长期固定投资为代价从事短期金融投资。当出口时用进口国家的货币结算，负面效应就会更大，如大部分发展中国家就是这样的。因此，不管是出口导向型公司还是生产投入进口型公司，都受汇率不确定性的影响。也可能有汇率不确定性通过更高工资对就业产生其他的传导效应。相应地，因汇率不确定性引发的劳动力需求的不确定性可能会造成工会要求增加工资以补偿风险溢价，进而导致更高的失业率。

公司的雇工决策主要是以劳动力市场灵活程度为条件的。公司可能通过减少雇工来回应不确定性的增加和波动。劳动时间或工资依赖于冲击的性质、雇用或解雇的成本、其他劳动力市场刚性和劳动力市场的合约结构。公司也可能开始使用分包商。目前，大部分关于宏观经济波动对就业影响的实证工作只是关注发达国家市场。这些研究表明，就业波动与实际汇率变动、高收入 OECD 成员与欧盟成员的波动具有显著的相关性。也有一些文章研究实际汇率变动对发展中国家就业的影响。Frenkel 和 Ros（2006）发现，在 17 个拉丁美洲国家中实际汇率升值对就业增加有显著的负面作用。Ribe-ro 等（2004）也发现在巴西贸易部门，实际汇率升值对就业有消极影响。Furthermore、Galindo、Izquierdo 和 Montero（2006）表明在具有高美元债务的产业，实际汇率贬值对就业具有负面作用。

在发展中国家，汇率波动预期对就业有更消极的作用，因为金融市场发展水平较低，短期负债率较高；缺少发达的远期市场和其他的套利工具；存在着早期的原罪论与美元化使公司的资产负债表（包括外部欠款与估值）更加暴露于汇率的变动。这些市场开发度更高，出口结算主要使用外国货币，有更高的汇率传导水平，更高的汇率与通胀的不确定性及更高的国家风险，更多的顺周期财政支出，更高的资本流、消费与经济增长波动的水平。

波动对高杠杆率公司的就业也产生一定的影响。增加的杠杆率不仅负向影响就业，也使公司更加暴露于汇率波动，增加的盈利能力也对就业产生影响。劳动力需求对汇率的敏感性主要产生于汇率对产品利润的影响。美元变动可能会通过影响国内与国际市场销售而影响生产者的收入。生产者的要素成本也因其对汇率的反应不同而有所差异。

关于人民币汇率对我国就业的影响，目前的分析主要基于如下框架。国内生产者使用三种投入要素：进口生产要素、国内生产要素和国内劳动力。劳动力投入成本包括教育、雇用和解聘费用，都是与工人工资相关的。模型生成了在受到汇率影响下的动态劳动力需求函数，依赖产业贸易导向的水平和形式、产业竞争结构和生产中劳动力利用的强度。就业水平的调整导致成本的调整，如果生产者感觉汇率波动是长期的，那么生产者调整就业的意愿就更强。

我国以工业制成品为主的劳动密集型产业，以廉价劳动力为前提，随着人民币的升值劳动力的成本上升，劳动力的需求降低，从而劳动力优势正逐渐消失。主要是因为，工业制成品的弹性较大，人民币升值会对该产业产生重大的影响，产业可能会被转移到其他劳动成本较低的地区，从而大大降低了就业水平。

Hua（2007）研究了我国实际汇率对就业的影响及影响的途径。

实际升值通过技术途径（将工人的投入要素转换到进口投入）、出口量途径（降低出口）和改善效率途径（对效率改进施压）对就业产生影响。他通过利用中国 29 个省份 1993—2002 年的数据进行了实证分析，结果表明：人民币实际升值对制造业的就业有显著的负效应。三个途径的影响都是显著的，技术途径是最重要的。

徐滇庆（2013）认为，汇率调整对失业的影响远远小于产业升级对失业的影响。人民币升值对于劳动力密集型产业有负面影响，对化工、冶炼、电气设备、交通运输、计算机和电子设备及通用设备等行业基本没有影响。对于专用设备、非金属矿物、仪器仪表制造业等行业有正的影响。对科技含量高的行业就业的冲击低于科技含量低的行业。人民币升值在降低一般贸易部门就业的同时有助于增加加工贸易部门的就业。在降低可贸易品部门就业的同时增加了国内不可贸易品部门的就业。在一定程度上，人民币升值不会减少具有较强比较优势的部门的就业。人民币升值有利于中国产业结构的升级和出口商品的结构调整。他还认为，汇率与国内新增就业水平存在一个拐点。汇率升值幅度低于这个拐点不会减少国内的就业机会；如果汇率升值超过这个拐点，有可能降低国内的就业机会。适度升值，如 10% 左右，不但不会严重冲击国内就业市场，而且有利于稳定国内金融市场、降低通货膨胀压力、纠正贸易失衡，有利于中国的可持续发展。

五　汇率波动对利率的传导效应

Keynes（1923）最早给出利率与汇率关系的理论，即利率平价理论。利率平价理论是国际金融理论中最直接表述利率与汇率关系的学说，其从动态角度对二者的关系进行了分析，认为汇率的变动是由利率水平的差异决定的，利率水平的差异引发国际资本的跨界流动，进一步导致外汇供求的变动，并由此决定汇率变动，而汇率的变动会抵消两国间的利率差异，最终使金融市场处于均衡状态。国际收支理论认为，短期内利率通过资本账户影响汇率。国内也有很多学者研究利率和汇率的相关性。张萍（1996）对利率平价理论在中国的表现进行了探讨。薛宏立（2002）从利率和汇率联动机制入手，建立了动态金融市场中利率和汇率联动分析框架，归纳了人民币利率与汇率联动关系的作用途径，并对利率和汇率的联动性进行了 Granger 因果检验。近年来，越来越多的学者开始研究利率与汇率风险联动的特性，赵华（2007）基于向量自回归多元 GARCH 模型对人民币汇率和利率的动态关系进行了实证分析，认为：人民币汇率和利率之间不存在价格溢出效应；就波动率而言，人民币兑美元汇率与利率之间不存在波动溢出效应，而人民币兑欧元、日元等存在双向波动溢出。蒋治平（2007）运用 DCC 多元 GARCH 模型研究了人民币汇率与利率之间的动态相关关系。赵天荣、李成（2010）利用二元 VAR – GARCH 模型实证研究了人民币汇率与利率之间的动态关系，结果表明：从长期来看，汇改后人民币汇率弹性增大能够稳定利率的波动，但是在短期内人民币弹性的增大反而会加剧利率的波动。

除了利率平价理论，传统的汇率决定理论还包括弹性货币分析法、黏性货币分析法、资产组合平衡理论和 M – F 模型等，其中利率平价理论应用最为广泛，弹性货币分析法不能解释经济的短期调整。沈国兵（2002）提出了汇率与利率扩展的 M – F 模型。谢赤（2008）基于资本项目权数，提出了"综合利差"的概念，认为该综合利差是与实际有效汇率相匹配的度量利率水平的变量。

汇率波动对利率的传导既可能是自发的，也可能是通过政府的政策而实现的。在一国开放程度较高且是浮动汇率制度的情况下，其他国家利率变化会引起汇率的变化从而引起该国利率的变化。如果国外的名义利率下降导致本币升值，出口将会相应减少，政府的外汇储备也会相应减少，造成货币供应量减少，通货膨胀的压力加大，为了缓解通货紧缩状况，政府只好降低利率。

关于汇率和利率的传导机制有两种完全不同的看法：一种观点认为两者之间是负相关的，因为汇率的波动会产生较大的压力，使得利率、货币供应量及产出等宏观经济基本变量更加稳定。Frenkel 和 Mussa（1980）、Frenkel 和 Rose（1995）发现固定汇率会以其他基本宏观经济变量的波动为代价。Reinhart（2001）提出，浮动汇率降低了货币当局维持固定汇率的压力，使利率更加稳定。另一种观点认为二者之间是正相关的。Cooper（1999）主张实行固定汇率制度，认为汇率的波动越小越好，同时汇率的波动与宏观经济变量无关。McKinnon（2001）认为，汇率弹性本身就具有外汇风险，从而可能妨碍国际商品贸易和金融资金的往来。在我国利率和汇率的市场化改革过程中，更多的文献探讨了汇率和利率的关系。胡小文、章上峰（2015）通过构建小型开放 DSGE 模型，研究了利率和汇率在市场化过程中的进程先后问题，得出结论：（1）均衡利率上升会导致主要宏观经济变量波动的增加；汇率弹性增大会引起产出和汇率波动增大、通胀利率波动减少。（2）利率和汇率的市场化改革能够提高利率政策的效果。（3）利率和汇率的市场化改革应该逐步协调推进，避免利率上升过快带来的负面影响。

对于中国来说，汇率和利率之间的传导效应是怎样的呢？我们将在第四章通过实证分析说明人民币汇率与利率之间的关系。

六　汇率波动对农产品价格的传导效应

随着全球经济一体化进程的推进，国际农产品价格通过一定的传导机制，对我国国内农产品、工业品及消费品的价格产生影响，进而影响国内整体物价水平。因此，农产品价格波动的国际传导及相关的农产品贸易成为学术界研究的热点。自从我国加入世界贸易组织以来，我国政府依据承诺逐渐加大对农产品贸易的开放程度，削减了农产品贸易壁垒，农产品的贸易规模迅速扩大。以奶粉进口为例，由于我国全面放开了乳制品的进口，国内牛奶价格大幅下跌，甚至低于成本价，因此出现了奶农大量倾倒牛奶的事件，这是国际牛奶价格波动对国内牛奶价格影响的较极端的例子。前面已经研究了汇率对价格的传导效应，农业是特殊的产业，所以农产品价格的形成也不同于一般工业品价格的形成机制，具有一定的特殊性。虽然我国是农业生产大国，但是因为气候、地理布局、种植成本等原因，对于有些农产品我国需要大量进口，如大豆进口额占总消费量的 60% 以上，棉花、食用糖、植物油等的进口量也在不断提高。所以，在我国逐渐扩大对外开放的大背景下，汇率对农产品价格也产生了越来越大的影响。因此，研究汇率波动对农产品价格的传导机制对稳定农产品价格，进而稳定物价有深刻的影响，同时也对农户增收、保障农业健康发展有重要的意义。

关于汇率对农产品价格传导的相关文献很多，研究主要集中于人民币汇率对农产品价格传导的非对称性，即在汇率升值与贬值时，汇率波动对农产品价格的影响是不同的。一般认为，与汇率升值相比，当汇率贬值时，进口农产品价格的变动更敏感。秦臻（2013）还对比了 2005 年汇改前后汇率对农产品价格传导特征的变化，认为汇改后人民币贬值时的传导弹性仍高于升值时的传导弹性，并且二者与汇改前相比，差异更大，说明汇改后人民币汇率传导的不对称程度加大了。李小云（2005）认为，对于中国这样的国家，国内粮食价格高于其他发达国家，国际竞争力弱，汇率的国际贸易杠杆作用明显，人民币汇率的不断变动将直接影响粮食的进出口贸易。孙丹（2009）对国际市场初级产品价格波动的国内传导特征进行了总结：（1）传导具有单向性；（2）传导存在时滞；（3）传导影响程度低。农产品也属于初级产品，所以某些农产品价格波动可能会具有上述三个特征。

七　汇率波动对宏观经济的传导效应

前面已经研究了汇率对各种经济因素的传导效应，所以，通过这些经济要素的传导，汇率必然会对宏观经济造成一定的影响。汇率是国家之间经济贸易联系的纽带，因此汇率波动除了影响本国经济增长也会对相关国家和地区的经济产生影响。最简单的实例就是经济危机的蔓延。

Kim（2009）在适应性学习下研究了汇率与宏观基本面之间的关系，认为适应学习模型，特别是常数收益模型能更好地刻画汇率的波动性及持续性。Markiewicz（2012）利用学习的方法研究了英镑兑美元的汇率与潜在的基本宏观经济变量之间的时变动态相关性，通过实证分析得出结论，认为在汇率的不同波动时期二者之间具有不同的动态相关性，需要运用不同的模型进行刻画。很多研究希望可以将这些汇率波动的变化与宏观经济变量的动态性联系起来。但也有一些学者（如 Gerlach、Flood 和 Rose 等）研究发现，在一些低通货膨胀的国家，大部分宏观经济变量不受汇率波动区制的影响。然而，在理论上，货币模型中汇率作为一个变量反映潜在的经济冲击，很难找到宏观经济变量与汇率之间的关系是因为参数的不稳定性。

国内学者陈平（2010）引入适应性学习来研究汇改后人民币汇率的货币模型，表明引入适应性学习后，传统的货币模型并没有完全失效，仍然适合刻画汇改后人民币汇率的短期走势。但是，因为汇改时间较短，我国汇率没有发生较大波动，所以该文只考虑了参数的学习过程。经过近几年的发展，汇率市场的发展逐渐成熟，同时国际与国内经济环境也发生了较大的变化，人民币兑美元汇率的波动呈现出不同区制特征。正因为如此，我们将在第六节基于模型学习方法，利用 Taylor 规则，研究人民币汇率波动对中美宏观经济的影响。

第三节　汇率波动对国际贸易传导机制的实证分析

关于汇率波动对宏观经济各要素的传导机制的定量分析方法比较简单，本节以汇率波动对国际贸易的影响为例研究汇率波动的传导机制。我们可以根据影响进出口商品需求的因素，将出口需求、进口需求的长期关系用下面的模型表示：

$$\ln EX = \alpha_0 + \alpha_1 \ln GDP^* + \alpha_2 \ln RER + \alpha_3 \ln VOL + \varepsilon_1$$

$$\ln IM = \beta_0 + \beta_1 \ln GDP + \beta_2 \ln RER + \beta_3 \ln VOL + \varepsilon_2$$

其中，GDP^* 表示外国的国内生产总值，GDP 表示本国的国内生产总值，EX 表示国内出口数量，IM 表示国内进口数量，RER 表示直接标价法表示的实际汇率，VOL 表示经过 H－P 滤波处理后的实际汇率波动率。$\ln$ 表示取自然对数。其他字母表示待估参数。其他的汇率波动传导机制都可以使用相似的模型进行估计，估计得到

的系数 α_2、α_3 度量实际汇率与汇率波动对出口的影响，β_2、β_3 度量相应变量对进口的影响，即间接地影响了国际贸易。

我们首先对每个对数序列进行单位根检验，检验结果如表 3 - 1 所示。

表 3 - 1　　　　　　　$lnEX$、$lnGDP^*$、$lnGDP$、$lnRER$ 及

$lnVOL$ 的单位根检验结果

变量	PP 统计量	ADF 统计量	变量	PP 统计量	ADF 统计量
$lnEX$	- 2. 112	- 2. 378	$\Delta lnEX$	- 3. 156	- 3. 108
$lnGDP^*$	- 2. 543	- 2. 532	$\Delta lnGDP^*$	- 2. 889	- 2. 779
$lnGDP$	- 2. 354	- 2. 376	$\Delta lnGDP$	- 2. 598	- 2. 632
$lnRER$	- 1. 776	- 1. 899	$\Delta lnRER$	- 2. 624	- 2. 532
$lnVOL$	- 2. 122	- 1. 965	$\Delta lnVOL$	- 3. 756	- 3. 225

从表 3 - 1 可以看出，各序列是一阶单整的，可以推断各变量之间具有协整关系，即各变量之间具有稳定的长期关系。

我们进一步对出口模型和进口模型分别建立协整模型，估计结果如下所示。

出口方程：

$$lnEX = 20.376 + 0.546lnGDP^* + 1.832lnRER - 0.322lnVOL$$
$$(5.121)　　　(4.523)　　　(-4.586)　　　(-3.012)$$
$$R^2 = 0.801　　R_j^2 = 0.766$$

进口方程：

$$lnIM = -4.032 + 0.912lnGDP - 0.311lnRER + 0.221lnVOL$$
$$(-0.837)　　(9.546)　　　(1.688)　　　(2.586)$$
$$R^2 = 0.813　　R_j^2 = 0.789$$

我们基于 2004—2012 年的数据，估计了汇率波动对进出口贸易的影响。实证的结果表明：国内与国外的国内生产总值对出口和进口的影响均为正值。出口方程中，实际汇率的系数为正，表明人民币汇率贬值，出口增加，汇率波动对出口有负面的影响。而对于进

口，汇率的系数为负值，说明汇率贬值会增加进口；但是，系数不显著，说明我国的进口对汇率是缺乏弹性的。总的来说，汇率对我国国际贸易的传导效应是显著的。

第四节　汇率传导的特征

一　汇率在各国的传导程度存在差异

各国汇率传导存在差异，原因是：（1）定价货币不同。Bacchetta 和 Wincoop（2001）认为，定价货币选择取决于出口国在市场上所占的份额和当地产品对国外产品的可替代性，出口商品在国内市场地位越强，越容易选取本国货币作为定价货币。（2）对国际市场的依赖程度不同。越是依赖国际市场，当汇率发生变化时，越是会保持商品的外币价格不变或小幅变动以保证该商品的国际竞争力。（3）操作定位不同。对汇率采取策略不同，从而导致汇率的传导效应不同。（4）开放程度不同。一国开放程度越大，国外厂商占比相对越大，汇率传导系数也就越大。

二　短期汇率传导不完全

短期汇率传导不完全的原因，主要有：（1）市场分割。运输成本、分销成本及贸易壁垒都会导致不同国家市场的分割。（2）市场结构。（3）产业组织特征。（4）沉淀成本。由 Baldwin 和 Krugman（1989）以及 Oixit（1989）提出，是指企业进入市场时，由于前期的准备工作而投入的成本，如宣传、铺设销售网络等。沉淀成本降低了厂商对汇率波动的敏感度。（5）黏性价格。刘英（2006）认为汇率传导效应下降的主要原因有：一是国际竞争加剧、货币政策稳定；二是第三国货币成为主要国际结算货币；三是低通胀的国家环境；四是进口商品篮子组合发生变化；五是各国害怕对汇率的干预；六是 Ballasa – Samuelson 效应；七是商品价格黏性和菜单成本。

第五节 汇率波动的影响因素分析

汇率的波动不仅体现了人民币币值的变化，也反映了我国与国外宏观经济变量的变化。同时，宏观经济变量也会反过来影响汇率的波动，因为汇率涉及两个国家的贸易，两国的产出、通货膨胀率、货币供应量、利率及贸易都将影响汇率的波动。一国的经济实力对汇率的影响很大，一个国家的经济实力越强，其货币越坚挺，随着经济增长，汇率将会出现升值的趋势。一国的通货膨胀率表示的是本国货币贬值的程度，本国货币贬值将导致货币在国际上的竞争力减弱，所以通货膨胀率的上升将导致本国货币的贬值。利率与货币供应量的提高都将引起热钱的进入，从而导致货币的升值。关于各个宏观经济变量对汇率的影响因素分析，我们将具体通过第六节的实证分析进行深入的研究。

第六节 实证分析：人民币汇率与中美 宏观经济之间的动态相关性

传统的汇率模型建立在理性预期之上，即经济主体对模型具有完全的信息，既知道模型的结构，又知道模型的参数。但是在现实中，决策者并不像传统理论中那样是个完全理性的人，他们在不完全信息的环境中进行决策，并且其计算能力和认知能力都是有限的。这就导致他们所建立的模型未必是最优的，甚至可能是错误的。但是，决策者不断获取新信息，按照一定的规则逐渐改进模型，包括模型的结构和参数，以期在有限的范围内达到最优，这就是学习的过程。适应性学习方法的应用非常广泛，特别是在经济问题的研究中，很多学者都使用该方法研究宏观经济变量之间的动态相关性。

　　为了解决参数不稳定的问题，本节在汇率的货币模型中进一步引入"模型学习"方法，在建立模型时既考虑基本宏观变量在不同时期的选取，又考虑参数随时间的变化，在此基础上对人民币兑美元汇率与宏观经济变量之间的时变动态关系进行研究。

一　相关理论与模型

（一）有限预期理论

　　宏观经济学研究中一个重要的基本假设为理性人假设，即经济行为人对所处环境的各种状态以及不同状态下对自己的支付具有完全的信息，并且在特定的条件下会选择使自己利润最大化的意愿和能力。但是，随着经济学研究的深入发展，这三个基本含义受到了质疑，在这样的背景下，有限理性理论逐渐受到了研究者的重视。

　　有限理性理论是西蒙在 1995 年首次提出的，他认为有限理性归因于行为人心理资源的稀缺和系统所特有的不确定性。有限理性模型就是用符合实际的理性行为代替经济人完全理性的行为而建立的模型。

　　经济学中理性的含义主要是为决策研究服务的，经济理性和有限理性都可以从两个维度描述决策：一是决策条件的确定性程度；二是决策主体的认知水平。决策条件可以分为两类：（1）完全确定条件；（2）不完全确定条件，即决策信息不完全，选择方案具有风险。决策主体的认知水平也分为两类：（1）完全认知，即决策者认知准确，不会发生任何偏差；（2）有限认知，指决策主体因个人能力或心理因素影响产生的认知偏差。下面我们将在不完全确定条件及认知有限的情况下研究人民币兑美元汇率与宏观经济变量之间的动态相关性。

（二）时变 Taylor 规则汇率模型

　　我们以两国开放经济模型来研究中国与美国的宏观经济变量对汇率动态性变化的影响。

　　中国的 Taylor 函数为：

$$\tilde{i}_t = a_{0,t-1} + a_{1,t-1}y_{t-1} + a_{2,t-1}\pi_{t-1} + a_{3,t-1}s_{t-1} + a_{4,t-1}CU_{t-1} + \nu_t$$

$$(3.3)$$

美国的 Taylor 函数为：

$$\widetilde{i}_t^f = a_{0,t-1}^f + a_{1,t-1}^f y_{t-1} + a_{2,t-1}^f \pi_{t-1}^f + v_t^f \tag{3.4}$$

用 $f_{1,t-1} = (1, y_{t-1}, \pi_{t-1}, s_{t-1}, CU_{t-1})'$ 和 $b_{1,t-1} = (a_{0,t-1}, a_{1,t-1}, a_{2,t-1}, a_{3,t-1}, a_{4,t-1})'$ 分别表示（3.3）式中的基本变量及相应参数；用 $f_{2,t-1} = (1, y_{t-1}^f, \pi_{t-1}^f)'$ 和 $b_{2,t-1} = (a_{0,t-1}^f, a_{1,t-1}^f, a_{2,t-1}^f)'$ 分别表示（3.4）式中的基本变量和相应参数。y_t、y_t^f 分别表示对数形式的中国和美国的产出缺口；π_t、π_t^f 分别表示中国和美国的通货膨胀率；CU_t 表示中美贸易顺差额，贸易顺差的增加会通过结售汇制度导致人民币基础货币被动增加；s_t 表示对数形式的人民币兑美元汇率（使用间接标价法），理论上汇率与利率是反向变动的，所以系数 a_3 应为负值。

资本管制条件下的非抛补套利条件为：

$$i_t^f = i_t + \hat{E}_t s_{t+1} - s_t + u_t \tag{3.5}$$

国内外的利率分别为：

$$i_t = \widetilde{i}_t + \tau_t \text{ 和 } i_t^f = \widetilde{i}_t^f + \tau_t^f \tag{3.6}$$

用（3.6）式中后式减去前式，同时将（3.3）式和（3.4）式代入，首先不考虑参数的时变性特征，得：

$$i_t^f - i_t = a_0^f + a_1^f y_t^f + a_2^f \pi_t^f - a_0 - a_1 y_t - a_2 \pi_t - a_3 s_t - a_4 CU_t + v_t^f - v_t + \tau_t^f - \tau_t \tag{3.7}$$

将（3.5）式代入（3.7）式，经过整理则有：

$$s_t = (1-\theta)\varphi' f_t + \theta \hat{E}_t s_{t+1} + \varepsilon_t \tag{3.8}$$

这里，

$$\theta = 1 + a_3, \quad \varphi' = \left(\frac{\bar{a}_0}{a_3}, -\frac{a_1^f}{a_3}, -\frac{a_2^f}{a_3}, \frac{a_1}{a_3}, \frac{a_2}{a_3}, 1, \frac{a_4}{a_3}\right),$$

$$f_t = (1, y_{t-1}^f, \pi_{t-1}^f, y_{t-1}, \pi_{t-1}, \hat{i}_{t-1}, CU_{t-1}),$$

其中，$\bar{a}_0 = a_0 - a_0^f$，$\hat{i}_{t-1} = i_t - i_{t-1}^f$。

（3.8）式的理性预期解为：

$$s_t^{RE} = (1-\theta)\varphi'(I_n - \theta A)^{-1} f_t \tag{3.9}$$

如果货币政策发生变化，中央银行需要控制其对汇率动态性的影响，所以反应函数的参数应是时变的，这样就可以反映货币机制的转换。假设 Taylor 规则的参数是时变的，并且依据最小二乘回归算法变化，这样就可以直接对货币政策的潜在变化进行建模。（3.8）式中的汇率过程相应地也依赖于时变的参数 φ'_{t-1}，即：

$$s_t = (1 - \theta_t)\varphi'_{t-1}f_{t-1} + \theta_t \hat{E}_t s_{t+1} + \varepsilon_t \tag{3.10}$$

其中，$\theta_t = 1 + a_{3,t-1}$，$\varphi'_{t-1} = \left(\dfrac{\bar{a}_{0,t-1}}{a_{3,t-1}},\ -\dfrac{a^f_{1,t-1}}{a_{3,t-1}},\ -\dfrac{a^f_{2,t-1}}{a_{3,t-1}},\ \dfrac{a_{1,t-1}}{a_{3,t-1}}, \right.$

$\left. \dfrac{a_{2,t-1}}{a_{3,t-1}},\ 1,\ \dfrac{a_{4,t-1}}{a_{3,t-1}} \right)$。

两国的利率变化遵循最小二乘回归算法，下面给出基于"适应性学习"方法的系数迭代过程：

$$\begin{cases} b_{i,t} = b_{i,t-1} + g_i R_{i,t}^{-1} f_{i,t}(s_{i,t} - b'_{i,t-1}f_{i,t}) \\ R_{i,t} = R_{i,t-1} + g_i(f'_{i,t}f_{i,t} - R_{i,t-1}) \end{cases},\ i = 1,\ 2 \tag{3.11}$$

其中，$R_{i,t-1} = g f'_{i,t} f_{i,t}$ 为自变量的二阶矩阵，g_i 为收益系数。因为美国经济结构较稳定，中国近几年经济结构变化较大，所以按照 Markiewicz 的结果，选取 $g_1 = 0.5$ 和 $g_2 = 0.08$。

（3.11）式中的结构变化使用了滞后回归的形式，这样可以避免潜在的内生性问题。因此，（3.10）式中的汇率过程由过去的基本变量决定。贴现因子 θ_t 是时变的，由央行对汇率赋予的权重 $-a_{3,t-1}$ 确定。

使用"模型学习"方法建模分为两部分。第一部分 $(1 - \theta_t) \times \varphi'_{t-1}f_{t-1}$ 表示汇率中用全部基本面变量表示的部分，利用（3.11）式给出（3.3）式和（3.4）式参数的初值 $b_{1,0}$、$b_{2,0}$、$f_{1,0}$、$f_{2,0}$，并代入（3.11）式，通过参数学习的方法确定（3.3）式和（3.4）式的时变参数值。第二部分 $\theta_t \hat{E}_t s_{t+1}$ 为通过预期影响汇率的收益，而预期汇率通过"模型学习"来进行预测。因为随着经济结构的调整，宏观经济基本面对汇率的影响程度会发生变化，所以我们假设以上的参数是时变的。下面实证分析部分将首先通过"模型学习"方法对汇率的预期进行研究，然后再通过"参数学习"方法对模型的第一部分进行估计。

（三）模型学习

如果给定的一组模型中包含正确的模型，根据 BIC 准则，机构就能够渐进地选择出正确的模型。但是，Hansen 和 Sargent（2001）认为历史时间序列太短，所以机构无法识别数据生成模型。因此，现实决策中就会出现模型选定错误的情况，而这就可能会导致短期的汇率动态性变化。下面分析汇率预期模型的建立过程。假设汇率由以下模型决定：

$$s_t = \beta_t^* X_t^* + \delta_t \tag{3.12}$$

其中，在任意时期 t，X_t^*、β_t^* 的维数依赖于模型。

在（3.12）式中，假设汇率是宏观经济变量的线性函数，所以我们考虑使用最小二乘法。Pesaran 和 Pick（2011）通过实证分析表明：在经济处于稳定期时，使用下降收益最小二乘法是最优的；而当经济发生结构变化时，常数收益学习模型或"永久学习"将会更好地跟踪经济中的参数变化。因为我国的汇率波动具有结构突变的过程，所以我们使用常数收益算法来更新模型的参数，进而给出"模型学习"的迭代公式：

$$\begin{cases} \beta_{j,t} = \beta_{j,t-1} + gR_{j,t}^{-1}X_{j,t}(s_t - \beta_{j,t-1}'X_{j,t}) \\ R_{j,t} = R_{j,t-1} + g(X_{j,t}'X_{j,t} - R_{j,t-1}) \end{cases}, \quad i = 1, 2, \cdots, 2^n - 1 \tag{3.13}$$

其中，n 表示模型中引入的宏观经济变量的个数，j 表示第 j 种自变量组合方式，共有 m（即 $m = 2^n - 1$）种组合方式，$\beta_{j,t}$ 是时期 t 的参数估计向量，$R_{j,t-1} = g\sum_{i=1}^{t-2} X_{j,i}'X_{j,i}$ 是基本变量的二阶矩阵。g 与（3.11）式中的 $g_i(i = 1, 2)$ 相同，均为收益系数，我们选取 $g = 0.5$。

利用理性预期模型可以给定初值 $R_{j,0}$ 和 $\beta_{j,0}$，即：

$$\begin{cases} R_{j,0} = \dfrac{1}{T}(1, X_{j,t})'(1, X_{j,t}) \\ \beta_{j,0} = R_{j,0}^{-1}\dfrac{1}{T}(1, X_{j,t})'s_t \end{cases} \tag{3.14}$$

其中，$(1, X_{j,t})$ 表示第一列为 1 的解释变量，s_t 为人民币兑美元汇率的对数形式。给定 $R_{j,t}$ 和 $\beta_{j,t}$ 的初始值，我们就可以给出最小二乘迭代程序。

根据预期模型处理的标准方法（Evans and Honkapohja，2001；Evans and Branch，2010；Agnieszka Markiewicz，2012），在 t 期汇率的预期为：

$$\hat{E}_t s_{t+1} = \beta_{j,t-1}^* A^* X_{t-1}^* \tag{3.15}$$

关于宏观基本变量 A^*，我们使用 VAR 模型进行预测。根据 VAR 模型的 LR 准则确定滞后阶数，假设滞后一期，则有：

$$f_t^* = A^* f_{t-1}^* + \kappa_t \tag{3.16}$$

$$X_{t-1}^* = \arg \min_{\{X_{j,i-1}\}_{i=1}^{i=t}} BIC_{j,t-1}, \quad j = 1, \cdots, m \tag{3.17}$$

每个模型的 BIC 为：

$$BIC_{j,t-1} = \ln\left(\frac{SSE_{j,t-1}}{t-1}\right) + \frac{n\ln\sum_{i=1}^{t-1}(1-g)^{i-1}}{\sum_{i=1}^{t-1}(1-g)^{i-1}}, \quad j = 1, \cdots, m \tag{3.18}$$

$$SSE_{j,t-1} = \sum_{i=1}^{t-1}(s_i - X_{j,i}\beta_{j,t-1})'(s_i - X_{j,i}\beta_{j,t-1}) \tag{3.19}$$

机构将根据它们的模型预测结果进行投资决策，如果实际值发生了变化，那么它们的行为就会相应地发生改变，进而又会通过汇率方程的自参照特征计算的参数影响数据。下面我们将通过实证分析对人民币兑美元汇率与中美宏观经济变量之间的动态关系给出度量。

二　变量选取与实证分析

（一）变量选取

本书初步选取的宏观基本变量包括美国的产出缺口、美国的通货膨胀率、美国的货币供应量 M_2^f、中国的产出缺口、中国的通货膨胀率、中国的货币供应量 M_2、中美利率差和中美贸易顺差额。

首先，进行相关性分析，发现货币供给 M_2 与 M_2^f 利率高度相关，所以下面的分析不考虑货币供给对汇率的影响。中国的通货膨胀率是通过先将同比增长的月度 CPI 转换成环比增长的月度数据，再进行对数差分得到的；美国的通货膨胀率是直接对美国的环比 CPI 进行对数差分获得的。GDP 没有月度数据，所以我们用美国与中国的工业增加值代替产出缺口，工业增加值是通过工业增加值减去其 HP 滤波获得的。中美利率差通过两个短期基准利率做差得到。其次，由于我国外汇体制的特殊性，通过结售汇制度，中美贸易顺差的增加将导致人民币基础货币被动增加，这样就会在一定程度上激励银行增加贷款供给，从而实际贷款利率下降，正因为如此我们将中美贸易顺差额也引入了模型。

根据我国人民币汇率波动的区制特征，我们将样本区间分为三个阶段：2005 年 7 月至 2008 年 9 月，汇改开始至金融危机爆发；2008 年 10 月至 2010 年 5 月，金融危机期间，软盯住美元；2010 年 6 月至 2013 年 3 月。

（二）实证分析

由（3.11）式所构建的模型主要包括两个部分，一部分是汇率预期值的研究，另一部分是预期值与实际值的差异，即汇率收益的动态性研究，我们首先考虑汇率预期模型。

1. 汇率预期模型的建立

在实际的投资决策中，机构因为对所处的环境及自身的认知能力不具有完全信息，所以只能像计量经济学家一样，通过建立模型对汇率的走势进行研究，而且会根据汇率的实际值对模型进行调整，以实现有限范围内的最优。这就涉及对宏观经济变量的选择问题，如何通过一定的统计准则对宏观经济变量进行选择以对汇率进行预测，是机构所面临的主要问题。下面我们通过引入 BIC 准则对影响汇率预测的变量进行选择，由于对于不同的发展阶段，影响因素会发生变化，所以我们先建立几个模型，再通过不同阶段的 BIC 值找到适合不同时间段的最优模型。具体分析过程如下。

首先，我们计算（3.15）式中的系数 A^*。因为三个时间段经济结构不同，所以我们分别对三个阶段建立宏观经济变量的向量自回归模型，并利用 LR 准则确定最优的滞后阶数并对参数进行估计。

其次，分别利用三个阶段模型的相应系数计算（3.18）式，并在此基础上进行下一步工作。

分别利用本书选取的六个宏观经济变量的不同组合与汇率的对数值建立回归模型，共有 63（即 $2^6 - 1$）种组合方式。对每种组合方式根据理性预期理论给出初值：

$$\begin{cases} R_0 = \dfrac{1}{T}(1, \ x_{j1}, \ x_{j2}, \ \cdots, \ x_{jp})'(1, \ x_{j1}, \ x_{j2}, \ \cdots, \ x_{jp}) \\[2mm] \beta_0 = R_0^{-1} \dfrac{1}{T}(1, \ x_{j1}, \ x_{j2}, \ \cdots, \ x_{jp})'y_j \end{cases}, \ j = 1,$$

$2, \cdots, 63$

其中，下标 jp 表示第 j 组合所选变量个数，T 值表示初值估计的样本区间长度。

最后，通过（3.13）式刻画汇率的学习过程，在每一期都对前一期的参数 β 和 R 进行调整，并预测下一期的汇率值。对于估计得到的 63 个模型，我们将在每一个时间段给出每一个估计的结果并计算其 BIC 的值，再根据 BIC 准则进行变量的选取。但是，若只利用 BIC 准则选取模型，则会导致低参数化的情形出现，所以我们不考虑选取一个变量的情形，即使其 BIC 取值最低。

每个阶段的最优变量选择及对应的 BIC 值如表 3-2 所示。在第一阶段，选取变量 1、3、6 是最优的，在第二阶段，选取变量 1、2、3、6 是最优的，在第三阶段，选取变量 1、2、3、4、5、6 是最优的。从图 3-2 中也可以看到不同阶段的最优模型。

表 3-2　　　　　　　根据 BIC 准则进行变量选择的结果

时间段	2005 年 7 月至 2008 年 9 月	2008 年 10 月至 2010 年 5 月	2010 年 6 月至 2013 年 3 月
最优模型中的变量	1、3、6	1、2、3、6	1、2、3、4、5、6
BIC 值	-8.022	-7.693	-7.349

注：1 表示美国的工业增加值，2 表示美国的通货膨胀率，3 表示中国的工业增加值，4 表示中国的通货膨胀率，5 表示中美贸易顺差额，6 表示中美利率差。

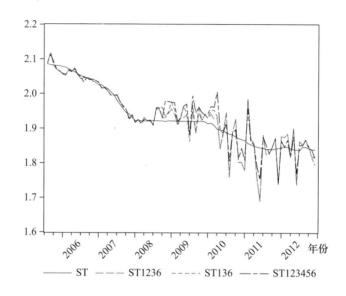

图 3 - 2 不同模型在不同阶段的预测效果比较

图 3 - 2 中，ST 表示汇率取自然对数值，后面将对汇率取自然对数值进行预测，所以直接将其看作实际汇率。ST136 表示选取变量 1、3、6 通过学习方法对相应汇率取自然对数值进行的预测，其他同理。模型中对汇率影响最大的宏观经济变量是中国的产出缺口和中美利率差，这和实际情况相符；同时，因为第一阶段处于汇改的初期，我国汇改之前的汇率政策为盯住美元的固定汇率制度，汇率不存在波动，而汇改之后，来自美国的升值压力迅速显现出来，因此汇率的预期还受到美国产出缺口的影响。在第二阶段，各个模型的预测效果相差不大，但最优的模型是选择变量 1、2、3、6 的模型，即包含美国的工业增加值、美国的通货膨胀率、中国的工业增加值和中美利率差的模型，这主要是因为 2008 年 10 月国际金融危机波及中国，对国内的经济产生了一定的影响。在此期间我们采取软盯住美元的汇率政策，所以受到美国的工业增加值和通货膨胀的影响。在第三阶段，即我们重启汇率形成机制改革后，影响汇率的因素增加，所有引入模型的宏观经济变量均对汇率产生影响，主要是因为金融危机结束后，我国仍然受到来自国外的升值压力，同时

近几年世界与中国的经济环境都发生了较大的变化，所以汇改后汇率的走势并没有重复 2005 年 7 月至 2008 年 9 月的轨迹，从模型中我们也可以看出这样的结论。此次汇改后，外汇市场的发展更加成熟，与外部市场联系更大。

2. 汇率收益的动态分析

我们知道，汇率预期值与实际值的差异度量收益的变动，下面我们通过适应性学习方法研究（3.10）式所给出模型的第一部分 $(1 - \theta_t) \ \varphi'_{t-1} f_{t-1}$。

通过（3.11）式和（3.14）式可以估计出中国 Taylor 函数（3.3）式和美国 Taylor 函数（3.4）式中的系数，所有系数均为时变的。前面的分析认为，理论上汇率的影响系数应该为负值，但是有时 a_3 的值为正，如图 3 - 3 所示。

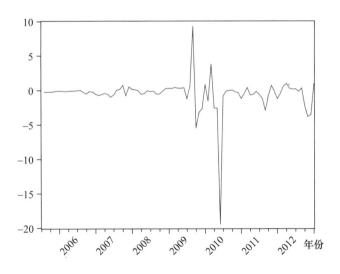

图 3 - 3　中国 Taylor 函数中汇率对利率的影响系数 a_3

从图 3 - 3 中 a_3 的变化特征我们发现，在汇改初期，汇率对利率的影响很小，2007 年，因为国内房价持续上涨，为了抑制经济过热，央行持续加息，而此时汇率处于持续升值阶段，所以 a_3 出现了正值；2008 年 10 月后，汇率波动基本保持不变，而利率上升，所

以在此期间 a_3 的系数表现为正，此时 Taylor 规则中体现的央行对汇率赋予的权重失效；并且，在 2010 年 6 月之后，二次汇改重新启动，汇率变动较大，a_3 值较不稳定。这说明我们无法使用 $-a_3$ 作为加权的权重。我们考虑对 a_3 序列进行 HP 滤波平滑，平滑后数据用 a_3^* 表示，均为负值，然后将 $-a_3^*$ 作为权重预测汇率，但是预测的结果与实际汇率差异较大。所以，模型比较将不予以考虑。

我们用 EST 表示预期模型给出的汇率预测值，该模型在第一个时间段选取变量 1、3、6，在第二个时间段选取变量 1、2、3、6，在第三个时间段选取全部变量。汇率货币模型的第一部分度量了汇率与预期的差异，我们用 VST 表示；如果对 VST 赋予权重 0.005，而预期模型的权重为 0.995，则可得到修正的汇率预测值，我们用 TST 表示。汇率对数序列为 ST 表示的汇率实际值。下面将 ST、EST 和 TST 三个序列用图 3 - 4 表示出来以进行比较。

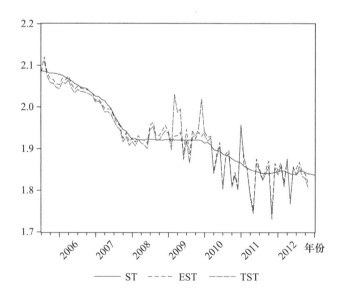

图 3 - 4　汇率实际值（ST）、汇率预期值（EST）与
修正的汇率预测值（TST）之间的比较

从图 3 - 4 可以发现，对于 TST 序列，即使对收益部分赋予很小

的权重，得到的汇率预测值也不如预期模型所进行的预测效果好。所以，对于我们国家的外汇市场来说，汇率预期值近似等于汇率实际值。这是与我国的汇率管理制度相适应的，我国实行的仍是有管理的浮动汇率制度，汇率的波动被控制在 0.5% 以内，所以汇率的收益变动在汇率对数值中的影响较小。我们可以基于下面的方法度量汇率收益的变动。

既然汇率收益的变动同样受宏观经济变量的影响，我们就考虑对汇率的收益率建立关于宏观经济变量的回归模型，同样用学习的方法得到汇率波动的预测值。我们同样选取全部宏观经济变量，利用模型参数的方法对汇率进行研究，具体预测结果如图 3-5 所示。

图 3-5 描述了最终确立的利用宏观经济变量对汇率收益率的预测。VST 表示汇率收益率序列，度量其波动特征，VST123456 序列表示利用全部宏观经济变量对汇率收益率的预测。我们发现模型学习方法对汇率收益率的预测效果明显优于对数形式的汇率预测效果，主要原因是汇率的对数形式变化较平稳，而图 3-5 中汇率波动的结构转变较明显，模型学习方法更适合刻画非平稳的动态性特征。

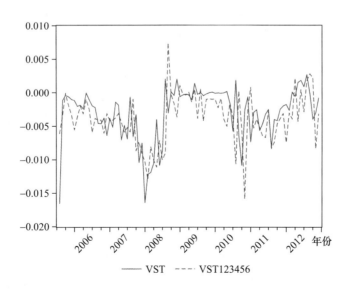

图 3-5 汇率收益预测值与汇率收益实际值的比较

通过实证研究，我们得出结论：通过模型学习方法利用宏观经济变量对汇率的短期动态性进行预测有较好的效果。通过对人民币兑美元汇率与中美宏观经济变量之间关系的研究，发现：

（1）在汇率改革初期，人民币汇率主要受中美产出缺口及中美利率差的影响，因为在此次汇改之前，人民币面临巨大的升值压力，汇改后就迅速体现在汇率的波动上，并且仍受国外经济的影响。同时，国内的经济也对汇率产生重要的影响。

（2）2008年10月国际金融危机波及中国，对国内的经济产生了一定的影响。在此期间我国采取软盯住美元的汇率政策，所以，既受美国的工业总产值和通货膨胀的影响，也受国内工业总产值及中美利率差的影响。

（3）金融危机后我国重启汇率形成机制改革，汇率的波动区间扩大到0.5%，影响汇率的因素增加，所有引入模型的宏观经济变量对汇率均产生影响，主要是因为金融危机结束后，我国仍然受到来自国外的升值压力，同时近几年来世界与中国的经济环境都发生了较大的变化，所以汇改重启后汇率的走势并没有重复2005年7月至2008年9月的轨迹，外汇市场的发展更加成熟，与外部市场联系更大。从汇率预期值的预测效果看，在第三阶段是最不理想的，主要是因为近期的经济结构变动较大，导致运用传统的VAR模型对宏观经济变量的预测不够准确。在后续的工作中，本书将考虑引入时变的结构方程模型，将汇率的预测与宏观经济变量的预测紧密结合起来，随时引入最新经济预测成果，改进汇率模型，以期得到效果更优的预测模型。

第七节　本章小结

本章对汇率波动的传导机制进行了研究，主要包括其对价格、国际贸易、外国直接投资、就业、利率及宏观经济等的影响。汇率对价格的传导主要体现在对进口商品价格的影响上。这种价格传导包括直接传导效应和间接传导效应两个阶段，并且汇率的价格传导往往是不完全的。在微观层面上，主要是因为因市定价、产品价格需求弹性、国内产品对进口品的替代程度等；从宏观角度看，可能的原因有经济开放度、汇率波动性和通胀环境等。

汇率对贸易的影响主要包括：（1）通过价格机制而影响国际竞争力；（2）汇率波动风险将影响国际上的投资决策，从而影响贸易。汇率波动对贸易的影响又分为直接影响和间接影响。关于汇率风险对贸易的影响有正反两种观点：（1）风险增加导致获利的不确定性增加，从而减少了贸易；（2）根据期权定价理论，风险越大，收益越大。汇率波动对 FDI 的传导效应主要有相对生产成本效应和相对财富效应两种。

汇率波动对就业的影响主要体现在两个方面：（1）对就业率有一定的影响；（2）波动会引起工资的变动。关于人民币汇率波动对就业的影响，普遍的观点是：对于不同的行业，汇率升值有不同的影响。关于汇率与利率的关系的研究很多，但是究竟两者是正相关还是负相关，仍没有统一的定论。

通过对人民币兑美元汇率与中美宏观经济变量之间关系的研究，发现：（1）在汇率改革初期，人民币汇率主要受中美产出缺口及中美利率差的影响；（2）国际金融危机波及中国，对国内的经济产生了一定的影响；（3）金融危机后我国重启汇率形成机制改革，影响汇率的因素增加，所有引入模型的宏观经济变量对汇率均产生影响，世界与中国的经济环境都发生了较大的变化，且外汇市场的发展更加成熟，与外部市场联系更大。

第四章　汇率波动特征及计量
分析方法

本章将从汇率波动的第二个层面即汇率波动幅度进行研究。如果汇率波动剧烈，将会对经济产生负面的影响，但是若波幅较小，汇率则无法充分体现其市场化功能，不能实现其信息传递功能，也无法作为宏观经济调控工具。

对金融市场波动的研究是分析资产定价与防范金融风险的基础，对金融市场波动性进行刻画是对金融市场进行定量研究的前提条件。对金融市场的最简单的假设是认为它服从无规律的随机游走序列，但这与实际不符，金融市场的波动是很复杂的。很多学者都从不同角度研究金融市场的波动特征及建模方法。

第一节　汇率波动特征

金融市场的汇率波动特征包括：收益率序列的尖峰厚尾、波动的集聚性、波动的长记忆性和持续性、杠杆效应、波动溢出效应等。下面我们以人民币兑美元双边汇率为例，对其波动特征进行具体的分析。汇率波动序列如图 4-1 所示。

从图 4-1 可以看出，汇率波动的集聚性特征比较明显。下面对汇率波动的特征进行简单的陈述。

一　汇率收益率序列的尖峰厚尾

通过对汇率收益率序列的描述统计分析，我们可以发现汇率收益率的峰度高于正态分布的峰度。从其描述统计量（见表 4-1）可以看到，汇率收益率偏度小于 0，存在负偏，峰度远远高于正态分布的峰度，说明汇率收益率序列具有尖峰厚尾特征及杠杆效应；Jarque - Bera 统计量表明汇率的收益率序列拒绝正态性的假设。

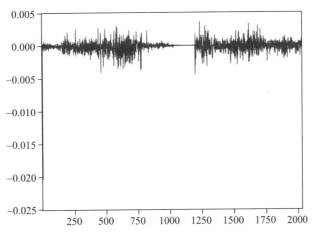

图 4 - 1　汇率收益率序列

表 4 - 1　　　　　　　　汇率收益率序列的描述统计量

均值	中位数	最大值	最小值	标准误差	偏度	峰度	Jarque - Bera 统计量	P 值
- 0.000148	- 4.30 E - 05	0.003638	- 0.020322	0.000936	- 5.214805	110.0252	976125.0	0.0000

二　汇率收益率序列波动的集聚性

这里探讨波动集聚性的机制，以解释汇率波动集聚效应的来源。长期投资需要关注价格的长期行为，而交易者则希望利用短期波动来达到他们的目的。Granger（2004）表明，经济时间序列的长记忆性可能归因于具有不同持续水平横截面时间序列数据的综合。这个观点被 Andersen 和 Bollerslev（1986）提出来解释汇率波动的集聚效应，认为不同信息流的综合导致了波动集聚现象的产生。同时，一些研究考虑对金融市场用类似于生态系统的方式进行研究，其中不同的交易策略共存且通过"自然选择"机制发展。不同经济形势的转换也将导致大量波动出现：在金融市场中，一些行为模式可以看作交易规则并且产生波动的集聚，作为市场价格大幅变动，如收益的厚尾现象。基于这个想法的模型已经显示出了波动集聚效应。Lux 和 Marchesi（2000）基于代理模型，说明资产收益的厚尾和波动集聚是在基本变量和特征行为之间转换的市场参与者行为中产生的，说明汇率的波动集聚效应也是投资惯性引起的。

国内很多学者也对汇率的波动集聚效应进行了实证研究。魏英辉（2009）对汇改后人民币汇率波动性进行了研究，发现人民币兑主要货币的汇率的日收益率具有尖峰厚尾特征，并且除了兑日元汇率，对其他主要货币的名义汇率均存在波动集聚效应。

三 汇率波动的长记忆性和持续性

吴跃明（2010）将小波分析引入长记忆随机波动（LMSV）模型，并对与人民币交易最频繁的美元、欧元、日元、英镑汇率序列的长记忆性的大小程度进行验证，结果表明：各汇率波动序列存在长记忆性，人民币兑美元的汇率波动序列受历史信息的影响最大。我们将在第六章具体研究汇率波动的长记忆性问题。

四 杠杆效应

Meyer 和 Yu（2000）运用 SV 模型研究了英镑汇率的波动特征，研究结果表明英镑汇率波动存在着杠杆效应。

张欣（2013）认为，与股票市场的"放大利好，缩小利空"的非对称特征不同，汇率波动过程存在着"放大利空，缩小利好"的非对称特征。李凯、张隐瑜（2005）对美元和日元的高频日汇率进行了实证分析，验证了汇率市场在信息不对称情况下，对好消息和坏消息的波动反应程度是不同的，杠杆作用比较明显。

五 波动溢出效应

波动溢出（Volatility Spillover）效应是指不同金融市场之间可能会存在着波动的传导效应。波动溢出效应可能存在于不同地域的市场之间，如不同国家的股票市场之间，也可能存在于不同类型的金融市场之间，如股票市场、债券市场、外汇市场等。关于溢出特征的研究，将在第五章进行详细说明。

在金融市场波动的度量方法中最常用的工具就是 GARCH 模型和 SV 模型，本书以 GARCH 模型为例进行后续研究。

有些学者对各种度量汇率波动的文献进行了比较研究。Kenneth D. West 和 Dongchul Cho（1995）比较了单变量异方差模型、GARCH 模型、自回归和条件方差的非参数模型对五种货币兑美元双边汇率波动的预测能力：预测时期为一周时，GARCH 模型预测得更准确一些，预测更长时期时，很难在各种模型中做出选择；用传统方法检验预测有效性时，没有哪个模型表现得更好。

第二节　基于 GARCH 模型的汇率波动特征

在 ARCH 模型的框架下，通常假设大的冲击后易伴随着大的冲击，并且类似地，小的冲击后易伴随着小的冲击。尽管 ARCH 模型比较简单，但是通常需要很多参数才能充分描述资产收益的波动过程。因此，一些可替代的模型被发展出来。Bollerslev（1986）提出了对 ARCH 模型非常有用的扩展，即 GARCH 模型，GARCH 模型是较远的滞后项权重指数递减的无穷阶 ARCH。

如果 GARCH 模型的 AR 多项式具有单位根，则该模型为单整 GARCH 模型即 IGARCH 模型，首先由 Engle 和 Bollerslev（1986）提出。IGARCH 模型的关键特征是：过去平方冲击的影响是持续的，并且风险证券的定价可能显示出对初始条件的极端依赖。一些研究说明各种金融资产的平方或绝对值自相关系数存在明显的长记忆性。受这些观测值的启发，Baillie 等（1996）引入了分整广义自回归条件异方差（FIGARCH）过程。

一　一元 N–GARCH、T–GARCH 及 GED–GARCH

要确定 GARCH 模型的形式，首先就要假定误差项的条件分布，通常有三种假设：正态分布（Gauss 分布）、学生 t 分布和广义误差分布。下面分别给出这些分布。

对于正态分布形式，以 GARCH (1, 1) 为例，我们有：

$$y_t = c + \varepsilon_t \tag{4.1}$$

$$\varepsilon_t \mid I_{t-1} = \sqrt{h_t} \cdot v_t$$

$$v_t \sim N(0, 1)$$

$$h_t = \alpha_0 + \beta_1 h_{t-1} + \alpha_1 \varepsilon_{t-1}^2 \tag{4.2}$$

这样，我们有：

$$y_t = c + \varepsilon_t \sim N(c, h_t)$$

很多实证研究结果表明，收益率序列具有尖峰厚尾特征，所以 Nelson (1991) 和 Hamilton (1994) 运用广义误差分布和 t 分布调整尾部的偏差。我们将分别给出两个分布。t 分布的概率密度函数由下式给出：

$$f(x, r) = \frac{\Gamma\left(\dfrac{r+1}{2}\right)}{[(r-2)\pi]^{1/2}} \left(1 + \frac{x^2}{r-2}\right)^{-\frac{r+1}{2}} \tag{4.3}$$

其中，r 为常数。

Nelson 提出的标准化的广义误差分布密度函数为：

$$dF(x) = \frac{c \cdot \exp\left(-\dfrac{1}{2}\left|\dfrac{x}{\lambda}\right|^c\right)}{\lambda \cdot 2^{c+1/c}\Gamma\left(\dfrac{1}{c}\right)} \tag{4.4}$$

$$E(\mid x \mid) = \lambda \cdot 2^{1/c} \cdot \Gamma(c^2)/\Gamma\left(\frac{1}{c}\right)$$

其中，$c > 0$，c 和 λ 为常数，$\lambda = \left[\dfrac{2^{-2/c} \cdot \Gamma\left(\dfrac{1}{c}\right)}{\Gamma\left(\dfrac{3}{c}\right)}\right]^{1/2}$，$\Gamma(\cdot)$ 为 Gamma 函数，定义为：

$$\Gamma(a) = \int_0^\infty x^{a-1} e^{-x} dx \tag{4.5}$$

整理后得到广义误差分布密度函数，形式如下：

$$f(x \mid \mu, \sigma, r) = \frac{r \cdot \Gamma\left(\dfrac{3}{r}\right)^{1/2}}{2\sigma \cdot \Gamma\left(\dfrac{1}{r}\right)^{3/2}} \exp\left\{-\left[\frac{\Gamma\left(\dfrac{3}{r}\right)}{\Gamma\left(\dfrac{1}{r}\right)}\left(\frac{x-\mu}{\sigma}\right)^2\right]^{\frac{r}{2}}\right\} \tag{4.6}$$

一元 GED – GARCH 模型表示如下：

$$\begin{cases} \varepsilon_t \mid I_{t-1} = \sqrt{h_t} \cdot v_t \\ v_t \sim GED(0,\ 1,\ r) \\ h_t = \alpha_0 + \beta_1 h_{t-1} + \alpha_1 \varepsilon_{t-1}^2 \end{cases} \qquad (4.7)$$

并记

$$y_t = c + \varepsilon_t \sim GED(c,\ h_t,\ r) \qquad (4.8)$$

其似然函数为：

$$L = \prod_{t=1}^{T} f(y_t \mid \mu, h_t, r)$$

$$= \prod_{t=1}^{T} \frac{r \cdot \Gamma(\frac{3}{r})^{1/2}}{2 \sqrt{h_t} \cdot \Gamma(\frac{1}{r})^{3/2}} \exp\left\{ -\left[\frac{\Gamma(\frac{3}{r})}{\Gamma(\frac{1}{r})} \left(\frac{x-\mu}{\sigma} \right)^2 \right]^{\frac{r}{2}} \right\} \qquad (4.9)$$

其对数似然函数为：

$$l_t = -\frac{1}{2} \ln\left(\frac{\Gamma\left(\frac{1}{r}\right)^3}{\Gamma\left(\frac{3}{r}\right)\left(\frac{r}{2}\right)^2} \right) - \frac{1}{2} \ln(h_t) - \left[\frac{\Gamma\left(\frac{3}{r}\right)}{\Gamma\left(\frac{1}{r}\right)} \left(\frac{x-\mu}{\sigma} \right)^2 \right]^{\frac{r}{2}} \quad (4.10)$$

二　多元 N – GARCH、T – GARCH 及 GED – GARCH

首先给出多元 t 分布的 GARCH 模型：

$$f_Y(y) = C_1 \mid \sum_{y \in R^n} \mid^{\frac{1}{2}} \left[\nu + (y-\mu)' \sum\nolimits^{-1} (y-\mu) \right]^{\frac{\nu+n}{2}} \qquad (4.11)$$

其中，

$$C_1 = \nu^{\frac{\nu}{2}} \Gamma\left(\frac{\nu+n}{2} \right) \left[\Pi^{\frac{n}{2}} \Gamma\left(\frac{\nu}{2} \right) \right]^{-1}$$

$\Gamma(\cdot)$ 是 Gamma 函数，则有：

$$E(Y) = \mu, \ \operatorname{cov}(Y,\ Y) = \frac{\nu}{\nu-2} \sum, \ \nu > 2 \qquad (4.12)$$

我们使用 $T_n(\nu,\ \mu,\ \sum)$ 表示多元 t 分布。下面我们给出 n 元广义误差分布的定义。

若 n 维向量 x 的密度函数为：

$$\mathrm{d}F(x|\mu, \sum, r) = \frac{d^n x}{\sqrt{\pi_n \sum}} \frac{\Gamma\left(1 + \frac{n}{2}\right)}{\Gamma\left(1 + \frac{n}{r}\right)} \left[\frac{\Gamma\left(\frac{3}{r}\right)}{\Gamma\left(\frac{1}{r}\right)}\right]^{\frac{n}{2}} \times$$

$$\exp\left\{-\left[\frac{\Gamma\left(\frac{3}{r}\right)}{\Gamma\left(\frac{1}{r}\right)}(x - \mu)^T \sum^{-1}(x - \mu)\right]^{\frac{r}{2}}\right\} \tag{4.13}$$

则称 n 维向量 x 服从广义误差分布，记为 $x \sim GED(\mu, \sum, r)$。这里的 μ、$\sum$ 和 r 为参数，μ 为该分布的众数，也是均值，方差协方差矩阵 V 与矩阵 Σ 的关系表示如下：

$$V = \sum \times \frac{\Gamma\left(\frac{n+2}{r}\right)\Gamma\left(1 + \frac{1}{r}\right)}{\Gamma\left(\frac{3}{r}\right)\Gamma\left(1 + \frac{n}{r}\right)} \tag{4.14}$$

假设我们有 n 份资产，$Y_t = (y_{1t}, y_{2t}, \cdots, y_{nt})^T$ 是含有 n 个元素的向量，则有：

$$Y_t = \Pi' X_t + \varepsilon_t \tag{4.15}$$

其中，ε_t 是向量，满足下列条件之一：

（1）$\varepsilon_t | I_{t-1} \sim N(0, H_t)$ \hfill (4.16)

（2）$\varepsilon_t | I_{t-1} \sim T_n(v, \mu, \sum)$ \hfill (4.17)

（3）$\varepsilon_t | I_{t-1} \sim GED(\Pi' X_t, H_t, r)$ \hfill (4.18)

这里，I_{t-1} 表示 t 时刻以前的信息。

VAR – COV 矩阵为：

$$H_t = C \cdot C' + BH_{t-1}B' + A\varepsilon_{t-1}(A\varepsilon_{t-1})' \tag{4.19}$$

其中，C、B、A 是 $n \times n$ 矩阵，H_t 是条件 VAR – COV 矩阵。

我们将（4.15）式、（4.16）式和（4.19）式构造的模型称为 N – GARCH 模型；由（4.15）式、（4.17）式和（4.19）式构造的模型称为多元 T – GARCH 模型；由（4.15）式、（4.18）式和（4.19）式构造的模型称为 GED – GARCH 模型。

在实际应用中，我们通常使用一些简化形式，最常用的是 GARCH

（1，1）模型。我们以 GED – GARCH 模型为例研究 GED – GARCH
（1，1）模型。

三　多元 GED – GARCH（1，1）模型

假设有 n 种资产，我们考虑它们的方差协方差矩阵。设 $Y_t =$
$(y_{1t}，y_{2t}，\cdots，y_{nt})^T$ 是 n 维向量，考虑如下模型：

$$Y_t = \Pi' X_t + \varepsilon_t \tag{4.20}$$

其中，ε_t 是向量，满足 $\varepsilon_t \sim GED（0，M_t，r）$，$X_t$ 表示外生变量，
Π' 表示外生变量的系数矩阵，M_t 表示 $\sum_t | I_{t-1}$，$E（\varepsilon_t | I_{t-1}）=$
0，$Var（\varepsilon_t | I_{t-1}）= H_t$，$I_{t-1}$ 表示 t 时刻前的所有信息。

条件方差协方差矩阵可以表示为：

$$H_t = C \cdot C' + B H_{t-1} B' + A\varepsilon_{t-1}（A\varepsilon_{t-1}）' \tag{4.21}$$

其中，C、B、A 均为 $n \times n$ 维系数矩阵。

下面给出对多元 GED – GARCH（1，1）模型的估计。

H_t 是条件方差协方差矩阵，其与 $\sum$ 的条件矩阵也应有等式关
系，即：

$$H_t = （\sum_t | I_{t-1}） \times \frac{\Gamma\left(\frac{n+2}{r}\right)\Gamma\left(1 + \frac{1}{r}\right)}{\Gamma\left(\frac{3}{r}\right)\Gamma\left(1 + \frac{n}{r}\right)} \tag{4.22}$$

所以，在对 GED – GARCH 模型进行估计时，对 H_t 的估计与对 M_t
的估计是等价的。

多元 GED – GARCH 模型的似然函数为 $M = \prod_{t=1}^{T} f(y_t | \mu，M_t，r)$，
取对数得：

$$L(\mu, M_t, r) = -\sum_{i=1}^{N}\left\{\frac{\Gamma\left(\frac{3}{r}\right)}{\Gamma\left(\frac{1}{r}\right)}(x_i - \mu)^T M_t^{-1}(x_i - \mu)\right\}^{\frac{r}{2}} - \frac{N}{2}\ln(M_t) -$$

$$\frac{Nn}{2}\ln\frac{\pi \cdot \Gamma\left(\frac{1}{r}\right)}{\Gamma\left(\frac{3}{r}\right)} - N\ln\frac{\Gamma\left(1 + \frac{n}{r}\right)}{\Gamma\left(1 + \frac{n}{2}\right)} \tag{4.23}$$

对（4.23）式，我们同样可以用条件方差协方差矩阵来表示，即：

$$L(\mu, H_t, r) = -\sum_{i=1}^{N} \left\{ \frac{\Gamma\left(\frac{n+2}{r}\right)}{r \cdot \Gamma\left(1 + \frac{n}{r}\right)} (x_i - \mu)^T H_t^{-1} (x_i - \mu) \right\}^{\frac{r}{2}} - \frac{N}{2} \ln(H_t) -$$

$$\frac{Nn}{2} \ln \frac{\pi r \cdot \Gamma\left(1 + \frac{n}{r}\right)}{\Gamma\left(\frac{n+2}{r}\right)} - N \ln \frac{\Gamma\left(1 + \frac{n}{r}\right)}{\Gamma\left(1 + \frac{n}{2}\right)} \tag{4.24}$$

四 BEEK 模型

BEEK 模型是由 Engel 和 Kroner（1995）提出的。该模型的条件协方差矩阵 H_t 是用二次项的形式表示的，这就保证了其正定性，而不需要再对未知参数加以限制。下面给出条件协方差矩阵 H_t 的定义：

$$H_t = C_0 C_0^\tau + \sum_{i=1}^{q} \sum_{l=1}^{k_1^1} A_{il} Y_{t-i} Y_{t-i}^\tau A_{il}^\tau + \sum_{i=1}^{p} \sum_{l=1}^{k_1^2} B_{il} H_{t-i} B_{il}^\tau \tag{4.25}$$

其中，C_0 是一个 m 阶的下三角方阵，未知参数有 $\frac{m(m-1)}{2}$ 个，未知参数 A_{il} 和 B_{il} 都为 m 阶方阵。对于协方差矩阵 H_t，(i, j) 位置的元素为：

$$h_{ijt} = c_{ij} + \sum_{s=1}^{q} \sum_{l=1}^{k_1^1} (a_{sli} Y_{t-s})(a_{slj} Y_{t-s}) + \sum_{s=1}^{p} \sum_{l=1}^{k_1^2} b_{sli} H_{t-i} b_{slj}^\tau, \quad i, j = 1, \cdots, m \tag{4.26}$$

其中，未知参数 c_{ij} 为 $C = C_0 C_0^\tau$ 中的 (i, j) 位置的元素，参数 a_{sli} 是矩阵 A_{il} 的第 s 行元素，b_{sli} 是矩阵 B_{il} 的第 s 行元素。进一步地，（4.26）式可写为标量的形式：

$$h_{ijt} = c_{ij} + \sum_{s=1}^{q} \sum_{l=1}^{k_1^1} \sum_{u,v=1}^{m} a_{sliu} a_{sljv} y_{ut-s} y_{vt-s} + \sum_{s=1}^{p} \sum_{l=1}^{k_1^2} \sum_{u,v=1}^{m} b_{sliu} b_{sljv}^\tau h_{uvt-s}, i, j = 1, \cdots, m \tag{4.27}$$

其中，参数 a_{sliu} 和 b_{sliu} 分别是向量 a_{sli} 和 b_{sli} 的第 u 个元素。本书就是运用这种方法研究利率与汇率的溢出效应的。

五　GED – GARCH 模型中形状参数 r 的确定

多元 GED – GARCH 模型的估计方法仍是极大似然估计方法。对于多元 GED – GARCH 模型而言，当其形状参数 $r < 2$ 时，表示分布是尖峰厚尾的分布，而且对于金融市场来说，r 越小，意味着风险越大。因为现在金融市场并不是极端的情况，所以我们可以先选取三个数值，即 0.75、1.25 和 1.75，再通过评价准则选择合适的 r 值。

六　预测与评价准则

对于二元 N – GARCH 模型和二元 GED – GARCH 模型，根据所估计的参数，利用 BEEK 模型，可以给出二元 GARCH 模型的方差方程预测模型。

给定前 T 期的数据，方差方程的进一步预测方程为：

$$\begin{pmatrix} h_{11,T+1} & h_{12,T+1} \\ h_{12,T+1} & h_{22,T+1} \end{pmatrix} = \begin{pmatrix} \omega_1 & \omega_2 \\ 0 & \omega_3 \end{pmatrix} \begin{pmatrix} \omega_1 & 0 \\ \omega_2 & \omega_3 \end{pmatrix} +$$
$$\begin{pmatrix} \alpha_1 & \alpha_2 \\ \alpha_3 & \alpha_4 \end{pmatrix} \begin{pmatrix} \varepsilon_{1T} \\ \varepsilon_{2T} \end{pmatrix} \begin{pmatrix} \varepsilon_{1T} & \varepsilon_{2T} \end{pmatrix} \begin{pmatrix} \alpha_1 & \alpha_3 \\ \alpha_2 & \alpha_4 \end{pmatrix} +$$
$$\begin{pmatrix} \beta_1 & \beta_2 \\ \beta_3 & \beta_4 \end{pmatrix} \begin{pmatrix} h_{11,T} & h_{12,T} \\ h_{12,T} & h_{22,T} \end{pmatrix} \begin{pmatrix} \beta_1 & \beta_3 \\ \beta_2 & \beta_4 \end{pmatrix} \tag{4.28}$$

N – GARCH 模型和 GED – GARCH 模型方差方程的预测区别在于利用样本数据估计出来的参数 ω_i（$i = 1$，2，3）、α_j（$j = 1$，2，3，4）和 β_k（$k = 1$，2，3，4）不同，进而预测的结果也不同，这就要通过一定的评价准则进行评价。本书采用自适应绝对偏差（AMAD）和自适应均方误差的平方根（ARMSE）两种标准对模型进行评价，两种方法的具体定义为：

$$AMAD(p) = \frac{1}{d^2} \sum_{i,j=1}^{d} E \left| h_{ij,t+p|t} - \frac{1}{2v+1} \sum_{k=-v}^{v} r_{i,t+p+k} r_{j,t+p+k} \right| \tag{4.29}$$

$$ARMSE(p) = \left[\frac{1}{d^2} \sum_{i,j=1}^{d} E \left[h_{ij,t+p|t} - \frac{1}{2v+1} \sum_{k=-v}^{v} r_{i,t+p+k} r_{j,t+p+k} \right]^2 \right]^{1/2}$$
$$\tag{4.30}$$

其中，d 表示样本容量，v 用于将随机误差进行平均处理，v 分别取

0、1、2，p 表示向前预测步数。

对于某个预测模型而言，AMAD 和 ARMSE 值越小，说明模型的预测效果越好。

第三节　其他非线性模型的理论与方法

一　随机波动模型

随机波动（Stochastic Volatility，SV）模型可以表示为：

$$y_t = \sigma_t \varepsilon_t, \ t = 1, \ 2, \ \cdots, \ T \tag{4.31}$$

$$\log \sigma_t^2 = \alpha + \beta \log \sigma_{t-1}^2 + \eta_t, \ \eta_t \sim NID(0, \ \sigma_\eta^2) \tag{4.32}$$

其中，y_t 表示去均值后的资产收益，即 $y_t = \log \ (S_t / S_{t-1}) - \mu$，$S_t$ 表示 t 期金融资产的价格，$\log \sigma_t^2$ 服从 AR(1) 过程。假设 ε_t 是独立同分布的干扰项，通常取标准化过程，因而方差 σ_ε^2 已知。当 ε_t 服从标准正态分布时，$\sigma_\varepsilon^2 = 1$；当 ε_t 是自由度为 ν 的 t 分布时，方差为 $\nu / (\nu - 2)$。进一步令 $h_t = \log \sigma_t^2$，可以得到：

$$y_t = \sigma \varepsilon_t \exp(0.5 h_t) \tag{4.33}$$

$$h_t = \alpha + \beta(h_{t-1} - \alpha) + \eta_t, \ \eta_t \sim i.i.d. \ N(0, \ \sigma_\eta^2) \tag{4.34}$$

其中，σ 为比例参数，它消去了（4.32）式的平稳 AR(1) 过程中的常数项 α。

（4.31）式和（4.33）式称为测度方程，（4.32）式和（4.34）式称为波动方程。若 ε_t 和 η_t 负相关，则模型能够刻画金融市场中的杠杆效应。（4.34）式的形式是为了利用状态空间方程模型。

二　马尔可夫区制转移模型

马尔可夫区制转移模型（Markov Regime Switching Model，MS 模型）是一种经常被用来分析金融时间序列的非线性模型，包括一元的 MS 模型、多元的 MS - VAR 模型及 MS - GARCH 模型。这类方法的基本思路是：对于观测到的时间序列向量 y_t，其潜在数据生成过程的参数依赖于不可观测的区制变量 S_t，S_t 描述处于不同状态的概率。该方法在汇率波动分析与预测中应用广泛。

设 M 表示可行的区制个数，这样，$S_t \in \{1, \cdots, M\}$。观测向量 y_t 的条件概率密度由下式给出：

$$P(y_t|y_{t-1}, S_t) = \begin{cases} f(y_t\|y_{t-1}, \theta_1) & 若 S_t = 1 \\ \vdots \\ f(y_t\|y_{t-1}, \theta_m) & 若 S_t = M \end{cases} \qquad (4.35)$$

其中，θ_m 是 VAR 在区制 $m = 1, 2, \cdots, M$ 中的参数向量，y_{t-1} 是观测值 $\{y_{t-1}\}_{j=1}^{\infty}$。对于给定的区制 S_t，时间序列向量 y_t 是由 p 阶自回归过程生成的。这样就有：

$$E(y_t | y_{t-1}, S_t) = \nu(S_t) + \sum_{j=1}^{p} A_j(S_t) \cdot y_{t-j} \qquad (4.36)$$

这里，$u_t = y_t - E(y_t | y_{t-1}, S_t)$ 是一个具有方差矩阵 $\sum(S_t)$ 的更新过程，假设服从正态分布，即：

$$u_t \sim NID(0, \sum(S_t)) \qquad (4.37)$$

若 VAR 过程被定义为条件依赖于一个未观测到的区制，则数据生成的机制就被认为是区制生成过程。

在区制转移向量自回归模型中，通常我们假设区制 S_t 是由离散齐次的 Markov 链生成的，即：

$$Pr(S_t | \{S_{t-j}\}_{j=1}^{\infty}, \{y_{t-j}\}_{j=1}^{\infty}) = Pr(S_t | S_{t-j}; \rho) \qquad (4.38)$$

其中，ρ 表示区制生成过程的参数向量。

三　平滑转移自回归模型

平滑转移自回归模型（Smooth Transition Autoregressive Model, STAR 模型）是由 Granger 和 Teräsvirta 于 1993 年提出的一种非线性时间序列模型，用来描述经济、金融时间序列对均衡的偏离和回复现象。

单变量平滑转换模型可以看作两个线性回归模型的加权平均，权重是由某个分布函数给定的，同时两个模型之间的转换是由一个确定的转换变量控制的。最初的 STAR 模型表示如下：

$$r_t = (\phi_{10} + \phi_{11}r_{t-1} + \cdots + \phi_{1p}r_{t-p})(1 - G(s_t; \gamma, c)) +$$

$$(\phi_{20} + \phi_{21}r_{t-1} + \cdots + \phi_{2p}r_{t-p})G(s_t; \gamma, c) + \varepsilon_t, \ t = 1, 2, \cdots, T$$

$$(4.39)$$

其中，$G(s_t; \gamma, c)$ 为 $[0, 1]$ 取值的转移函数，s_t 为转移变量，ε_t 服从零均值、常数方差的正态分布。

本书主要研究汇率的平滑转移模型。为了更好地理解该模型的应用，根据 Michaet 等（1997）的文献，汇率的 STAR 模型可以表示为：

$$r_t = \alpha + \sum_{i=1}^{p} \pi_i r_{t-i} + (\alpha^* + \sum_{i=1}^{p} \pi_i^* r_{t-i})G(r_{t-d}; \gamma, c) + \varepsilon_t \quad (4.40)$$

其中，r_t 表示汇率的收益率，为平稳过程，可以具有不同的状态。α 和 α^* 分别表示区制常数项，ε_t 服从零均值、常数方差的正态分布，d 为滞后参数。

转换函数通常有以下两种形式。

（1）对数形式的转换函数：

$$G(r_{t-d}; \gamma, c) = 1/\{1 + \exp(-\gamma(r_{t-d} - c^*))\}, \ \gamma > 0 \quad (4.41)$$

该式为 Logistic 函数。c^* 称为阈值，表示两个状态的转折点。随着 r_{t-d} 的增加，函数 $G(r_{t-d}; \gamma, c)$ 在 $[0, 1]$ 单调递增。γ 为平滑参数，决定两个状态之间转移的平滑程度和速度，若 γ 较大，则相对于 c^* 来说，较小的变动都会引起状态较剧烈的变化。转换函数为 Logistic 函数的模型称为 LSTAR 模型，该模型存在高低两种状态。

（2）指数形式的转换函数：

$$G(r_{t-d}; \gamma, c) = 1 - \exp[-\gamma(r_{t-d} - c^*)^2], \ \gamma > 0 \quad (4.42)$$

该模型也称为 ESTAR，用来刻画两个具有类似特征状态的动态性。该转换函数是 U 形的，c^* 大致为对称轴，说明汇率的高值和低值都具有相同的局部特征。

Van Dijk、Terasvita 和 Franses（2002）给出的经典的 STAR 模型的估计主要包括以下几个步骤：

（1）线性自回归模型的设定，也就是首先要根据 AIC 或 SC 准则确定最大滞后阶数。

（2）线性检验与模型成立参数。d 在 $[1, D]$ 取整数，D 有一定的经济含义。线性检验的原假设和备择假设分别为：H_0：线性

AR 模型成立；H_1：线性 STAR 模型成立。具体的辅助回归方程式为在 $\gamma = 0$ 处的泰勒展开式：

$$r_t = \phi_0 + \phi_1 X_t + \phi_2 X_t r_{t-d} + \phi_3 X_t r_{t-d}^2 + \phi_4 X_t r_{t-d}^4 + \omega_t \qquad (4.43)$$

其中，$X_t = (r_{t-1}, r_{t-2}, \cdots, r_{t-p})'$，$\omega_t$ 为随机误差。

检验的原假设为，$H_0 : \phi_2 = \phi_3 = \phi_4 = 0$。通过计算 LM 统计量及对应的概率 p 值判断线性原假设是否成立。

（3）模型选择。首先对线性情况进行检验，如果不适合线性模型，则考虑使用 LSTAR 模型或 ESTAR 模型。具体检验如下：

$H_{01} : \phi_4 = 0$

$H_{02} : \phi_3 = 0 \,|\, \phi_4 = 0$

$H_{03} : \phi_2 = 0 \,|\, \phi_3 = \phi_4 = 0$

若拒绝 H_{01}，则应该选择 STAR 模型；若接受 H_{01} 而拒绝 H_{02}，则应选择 ESTAR 模型；若同时接受 H_{01} 和 H_{02} 而拒绝 H_{03}，则应该选择 LSTAR 模型。

此外，还有 ANN 模型等用以描述汇率的波动特征。

与线性模型相比，非线性模型通常可以更好地刻画时间序列的波动特征，因为从波动图形可以看到，序列所表现出来的，通常都不是线性的趋势，而是非线性的变化规律。不同的非线性模型，更是着重刻画汇率波动的某方面的特征，可以刻画汇率的非对称、非线性特征。下面我们只以 GARCH 模型为例刻画汇率的波动特征。

第四节　实证分析：基于二元 GED – GARCH 模型的利率与汇率波动溢出研究

通过对 GARCH（1，1）模型的无条件均值、方差、三阶矩阵和四阶矩阵的研究，我们发现 GARCH 模型所表现出的峰度通常要高于正态分布的峰度，同时条件方差是时变的。该模型刻画了汇率波动的前后期之间的动态相依性，这恰好说明了汇率的波动集聚效应。同时，多元 GARCH 模型还能够刻画汇率与其他金融市场之间的波动溢出效应。这节我们将分别从一元和多元的角度刻画汇率波动的特征。

2005 年，我国对汇率制度进行了改革，人民币不再单一地钉住美元，而是以"一揽子"货币为基准。但是，因为我国的外汇储备构成和对美国出口的比重有所增大，所以人民币兑美元汇率仍然作为我国外汇市场最主要的交易品种。本书选取外汇交易中心每天公布的人民币兑美元汇率中间价和隔夜上海银行间同业拆借利率 SHI-BOR[①] 来研究利率与汇率之间的波动相关性。首先，对利率和汇率数据进行对数差分，经检验得到平稳的收益率序列，在此基础上对汇率和利率收益率序列的波动溢出效应进行研究。本节选取的变量样本是 2005 年 7 月我国汇改开始到 2012 年 8 月 31 日的所有日频率数据。2008 年 9 月 14 日，雷曼兄弟宣布破产，这一事件标志着世界范围内的金融危机全面爆发，在这之后，人民币汇率又回归到"钉住美元"的时期。基于这种情况，我们首先将样本分成两个子样本：第一个子样本时间跨度是 2005 年 7 月 25 日至 2008 年 9 月 14 日；第二个子样本时间跨度是 2008 年 9 月 15 日至 2012 年 8 月 31 日。样本外预测区间为 2012 年 9 月 2 日至 2014 年 1 月 31 日，该样本用来对建立的模型进行评价。数据来自雅虎财经网站，本书采用 Eviews 5.0 软件进行分析。

我们首先考虑多元 GED $(0, 1, r)$ – GARCH $(1, 1)$ 模型的形状参数 r 的选择问题。对于给定的三个值，根据表 4 – 2 可以看出：当 $r = 0.75$ 时，模型估计的似然值最大，AIC 值、BIC 值最小，从估计结果看是最优的，但是一步向前预测的条件协方差过大，导致 AMAD 值与 ARMSE 值过大，严重影响预测结果；当 $r = 1.75$ 时，估计的结果似然值与 AIC 值、BIC 值没有在 $r = 1.25$ 时估计的结果好。在结合估计结果的似然值、AIC 值、BIC 值及 AMAD 值、ARMSE 值的情况下，最终确定 GED – GARCH 模型中 r 的取值为 1.25。

---

① SHIBOR，即上海银行间同业拆借利率（Shanghai Interbank Offered Rate）的简称。与美国的联邦基金利率或伦敦的 LIBOR 相似，更能代表我国基准利率。

表 4 - 2 三种 GED - GARCH 模型估计结果比较

r 值	似然值	AIC 值	BIC 值
0.75	17829.37	-41.627	-41.555
1.25	16935.22	-39.54	-39.47
1.75	15871.89	-37.053	-36.981

　　下面我们将分别利用 N(0,1) - GARCH(1,1) 模型和 GED(0,1,1.25) - GARCH(1,1) 模型来研究利率与汇率之间的波动溢出效应，并对两种模型度量的结果进行比较分析。为书写方便，我们仍用 N - GARCH 模型和 GED - GARCH 模型表示两个模型。我们首先研究金融危机发生之前利率与汇率之间的波动相关性，即对第一个时间段的溢出效应进行研究，得出参数估计结果如表 4 - 3 所示。

表 4 - 3 　 金融危机前 N - GARCH 模型和 GED - GARCH 模型
方差方程估计结果

金融危机前		ω	Z统计量		α	Z统计量		β	Z统计量
N - GARCH	ω_1	0.05166 **	53.01	α_1	1.00498 **	16.79	β_1	0.20936 **	4.82
	ω_2	0.00002	0.62	α_2	-0.000521	0.000	β_2	-0.000061	0.000
	ω_3	0.000001	0.000	α_3	0.000021	0.111	β_3	0.00000	0.0001
				α_4	0.2716 **	11.98	β_4	0.97000 **	206.74
GED - GARCH	ω_1	0.02429 **	73.62	α_1	0.57562 **	32.76	β_1	0.17658 **	8.98
	ω_2	0.00002 *	2.45	α_2	-0.40608 **	-5.00	β_2	-3.06312 *	-2.09
	ω_3	0.00000	0.00	α_3	0.00006	0.77	β_3	-0.00008	-0.52
				α_4	0.22172 **	20.34	β_4	0.94146 **	179.87

　　注：** 表示系数在 5% 的显著性水平下显著，* 表示系数在 10% 的显著性水平下显著。

N - GARCH 模型估计结果表明利率波动与汇率波动之间不存在溢出效应，而 GED - GARCH 模型的参数估计结果表明金融危机前只存在汇率到利率的波动溢出效应。通过 AMAD 与 ARMSE 评价准则可以确定，利用第一个子样本估计的 GED - GARCH 模型优于 N - GARCH 模型，说明在金融危机之前存在着从汇率到利率的风险波动，而不存在从利率到汇率的波动溢出效应。

下面我们利用 N - GARCH 模型和 GED - GARCH 模型对 2008 年 9 月 15 日至 2012 年 8 月 31 日的溢出效应进行研究，方差方程的估计结果如表 4 - 4 所示。

表 4 - 4　金融危机后 N - GARCH 模型和 GED - GARCH 模型
方差方程估计结果

金融危机后		ω	Z统计量		α	Z统计量		β	Z统计量
N - GARCH	ω_1	0.02539**	11.47	α_1	0.42020**	12.11	β_1	0.86572**	47.83
	ω_2	0.00012**	11.01	α_2	0.10671	0.39	β_2	- 0.00669	- 0.01
	ω_3	0.00000	0.00	α_3	- 0.00009	- 0.56	β_3	- 0.00074**	- 15.60
				α_4	0.46589**	19.22	β_4	0.89449**	100.72
GED - GARCH	ω_1	0.00652**	32.84	α_1	0.29157**	42.00	β_1	41.99556**	128.59
	ω_2	- 0.00001**	- 2.63	α_2	1.07986**	17.28	β_2	17.27993**	- 4.38
	ω_3	0.00004**	28.51	α_3	- 0.00011**	- 2.71	β_3	- 2.71202**	10.72
				α_4	0.30336**	25.14	β_4	25.13750**	114.90

注：**表示系数在 5% 的显著性水平下显著，*表示系数在 10% 的显著性水平下显著。

N - GARCH 模型结果表明，只具有从利率波动到汇率波动的溢出效应，而不存在汇率到利率的波动溢出效应；GED - GARCH 模型结果表明，利率与汇率具有双向的波动溢出效应。N - GARCH 模型和 GED - GARCH 模型在这个时间段内估计的结果不同，哪个模型能更好地说明问题呢？下面我们就利用样本外预测区间数据，分别采用 AMAD 和 ARMSE 评价标准对这两个模型进行评价。

样本外预测区间为 2012 年 9 月 2 日至 2014 年 1 月 31 日，利用 (4.29) 式和 (4.30) 式计算 AMAD 值和 ARMSE 值，其中 $d = 104$ 为样本个数，v 分别取 0、1、2，v 的作用是将随机的误差进行平均处理。AMAD 值和 ARMSE 值越小，说明预测的效果越好。表 4-5 给出了两个模型的预测结果。

从表 4-5 可以看出，除个别的预测值外，GED-GARCH 模型的预测效果明显优于 N-GARCH 模型，所以我们认为利用 GED-GARCH 模型预测效果更好，进而得出下面的结论：汇率波动与利率波动具有双向的溢出效应，即说明汇率的波动会引起利率市场的波动，而利率市场的波动也会引起汇率市场的波动。

表 4-5　N-GARCH 模型和 GED-GARCH 模型的评价结果

AMAD				ARMSE			
v	p	N-GARCH	GED-GARCH	v	p	N-GARCH	GED-GARCH
$v = 0$	$p = 1$	0.01584	0.01287	$v = 0$	$p = 1$	0.00325	0.00479
	$p = 3$	0.01665	0.01376		$p = 3$	0.00388	0.00430
	$p = 5$	0.01810	0.01108		$p = 5$	0.00609	0.00309
	$p = 7$	0.01779	0.01012		$p = 7$	0.00629	0.00322
	$p = 9$	0.02209	0.01132		$p = 9$	0.01032	0.00432
$v = 1$	$p = 1$	0.01213	0.01112	$v = 1$	$p = 1$	0.00175	0.00211
	$p = 3$	0.01476	0.01124		$p = 3$	0.00354	0.00214
	$p = 5$	0.01587	0.01098		$p = 5$	0.00490	0.00121
	$p = 7$	0.01487	0.01123		$p = 7$	0.00500	0.00132
	$p = 9$	0.01884	0.01134		$p = 9$	0.00697	0.00121
$v = 2$	$p = 1$	0.01143	0.00943	$v = 2$	$p = 1$	0.00136	0.00176
	$p = 3$	0.01386	0.00987		$p = 3$	0.00202	0.00089
	$p = 5$	0.01498	0.01023		$p = 5$	0.00345	0.00084
	$p = 7$	0.01732	0.01144		$p = 7$	0.00527	0.00098
	$p = 9$	0.01824	0.01576		$p = 9$	0.00702	0.00095

通过上面的实证分析，我们得到的主要结论是：在金融危机发

生之前，利率和汇率之间只存在汇率到利率的波动溢出效应；而在金融危机发生后，利率和汇率之间存在双向的波动溢出效应。究其原因，本书认为：

（1）自 2005 年 7 月实行汇率改革后，改革逐渐深入，汇率的改革效果也体现在了其对利率的波动影响上。

（2）金融危机对汇率市场和利率市场的波动产生了很大的影响，危机爆发后，美国的次贷危机通过汇率市场的传导对中国产生了影响，在金融危机背景下，政府为了控制房价，几次上调利率，所以汇率对利率存在溢出效应。

（3）金融危机后，我国利率市场与汇率市场逐渐成熟，利率平价理论也逐步适用于中国的国情，并从一定程度上说明了利率市场对汇率市场的波动传导作用，即利率对汇率存在着波动溢出效应。

第五节　本章小结

本章对汇率的波动特征及建模方法进行了梳理，研究表明汇率的波动具有尖峰厚尾、集聚效应、长记忆性和持续性、杠杆效应及波动溢出效应等特征。在理论研究的基础上，介绍了几种对汇率波动特征进行建模的方法，如 GARCH 模型、SV 模型、STAR 模型、区制转移模型。最后以二元 GED – GARCH 模型为例，研究了汇率与利率之间的波动溢出效应，得到的主要结论是：在金融危机发生之前，利率和汇率之间只存在汇率到利率的波动溢出效应，而在金融危机发生后利率和汇率之间存在双向的波动溢出效应。

第五章 汇率波动溢出效应及协同波动溢出效应

2013 年 9 月，国际清算银行发布报告称，全球外汇交易额在过去三年时间大幅增长，人民币跻身全球十大外汇交易货币之列，排名已由 2010 年的第 19 位上升至第 9 位。2015 年外汇行业市场调查分析报告指出，近两年外汇的交易量有惊人的增长，平均每天交易量接近 2 万亿美元，远超其他虚拟金融产品的增长，网络炒汇更是以 30% 的年增速增长。人民币在全球汇率市场中的地位越来越重要，尤其在亚洲地区，人民币汇率越发体现出它的主导地位。随着经济全球化、一体化程度的逐渐深入，世界各国经济系统、金融系统逐渐整合成了局部子系统密切联系的大系统，这既增强了各国之间经济的联系，也为风险的传播创造了条件，从而导致了金融市场（特别是汇率市场）之间的波动溢出效应。2010 年 6 月我国重新启动汇率制度改革以来，我国汇率的波动幅度增大，不同汇率市场之间联系也更加密切，市场之间的风险传递现象也更加明显，如何刻画汇率市场之间的风险传导效应，已经成为金融计量的重要研究领域。

本章首先对波动溢出效应理论进行梳理，介绍传统的波动溢出效应模型，然后再考虑协同波动溢出效应的相关理论及方法。

第一节　金融市场及汇率市场的
波动溢出效应

一　金融市场的波动溢出效应

波动溢出（Volatility Spillover）效应是指不同金融市场之间可能会存在着波动的传导效应，波动溢出效应可能存在于不同地域的市场之间，如不同国家的股票市场之间，也可能存在于不同类型的金融市场之间，如股票市场、债券市场、外汇市场等（各金融市场之间的关系如图 5 - 1 所示）。

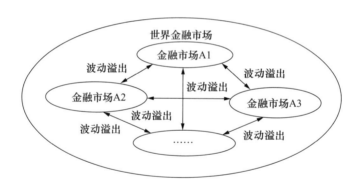

图 5 - 1　金融市场的波动溢出效应示意

二　汇率市场的波动溢出效应

关于汇率市场的溢出问题的研究主要包括两个方面：（1）多个汇率市场之间的波动溢出效应。如高艳、张丽艳（2015）利用VMEM 模型刻画了中日韩三国汇率之间的波动溢出效应。（2）汇率市场与其他金融市场之间的波动溢出效应。关于人民币汇率与其他市场之间的波动溢出研究，相关文献很多，如陈守东、高艳（2012）运用二元 GED - GARCH 模型对利率与汇率之间的波动溢出效应进行了研究，发现金融危机前后两者之间的溢出效应发生了变化。杨姝琴、陈贝（2008）通过对比分析中国、日本和韩国三国实际有效汇率对经济增长的经验数据，分析了三国在汇率波动对经济增长的效应上的差异性关系。朱孟楠、闫帅（2015）研究了人民币汇率与经济政策不确定性的动态溢出关系，通过实证分析，表明中国、美国、日本和欧元区的经济政策不确定性与人民币汇率之间存在溢出效应，人民币汇率对经济政策不确定性存在着净溢出。

第二节　金融市场波动溢出效应模型

度量汇率波动效应的模型很多，传统的方法包括 GARCH、SV 和 Copula 等，我们首先以 GARCH 和 SV 模型为例进行介绍。

一　基于 GARCH 模型的波动溢出效应

金融市场的波动特征通常使用 GARCH 模型刻画。GARCH 模型的表达式为：

$$\Phi(L)R_t = \Theta(L)\varepsilon_t, \quad t = 1, 2, \cdots, T \tag{5.1}$$

$$\varepsilon_t = h_t^{1/2}\eta_t, \quad \eta_t \sim i.i.d.(0, 1) \tag{5.2}$$

$$h_t = \alpha_0 + \sum_{j=1}^{q}\beta_j h_{t-j} + \sum_{i=1}^{p}\alpha_i \varepsilon_{t-i}^2 \tag{5.3}$$

其中，$p \geq 0$，$q \geq 0$，$\alpha_0 > 0$，$\alpha_i \geq 0$（$i = 1, 2, \cdots, p$），$\beta_j \geq 0$（$j = 1, 2, \cdots, q$）。称满足（5.1）式至（5.3）式的序列 $\{\varepsilon_t\}$ 为 GARCH（p, q）模型。若 η_t 服从广义误差分布，则 $\{\varepsilon_t\}$ 被称为 GED – GARCH（p, q）过程。本书将使用 GED – GARCH 模型刻画汇率的波动特征。

为了判定一个金融市场的波动是否对另一个金融市场产生溢出效应，可以考虑在（5.1）式中引入某个金融市场的波动 X_t，即：

$$\Phi(L)R_t = \Theta(L)\varepsilon_t + aX_t, \quad t = 1, 2, \cdots, T \tag{5.4}$$

（5.2）式、（5.3）式和（5.4）式构成了金融市场之间的波动溢出模型。在给定显著性水平下，若参数 a 显著不为 0，则说明一个金融市场的波动对另一个金融市场的收益率存在波动溢出效应，否则说明不存在波动溢出效用。

二 基于 SV 模型的波动溢出效应

在分析波动溢出之前，要计算金融市场日收益率 t 期波动 X_t，以将其作为另一个金融市场日收益率的解释变量来研究一个金融市场日收益率波动对另一个金融市场日收益率的溢出问题。基于 SV 模型的波动模型表示如下：

$$X_t = \sigma_t^2 = \exp(h_t) \tag{5.5}$$

$$y_t = \varepsilon_t \exp\left(\frac{1}{2}h_t + \frac{1}{2}bX_t\right), \ t = 1, \ \cdots, \ T \tag{5.6}$$

$$h_t = \alpha + \beta(h_{t-1} - \alpha) + \eta_t, \ \eta_t \sim i.i.d. \ N(0, \ \sigma_\eta^2) \tag{5.7}$$

其中，ε_t 服从自由度为 ν 的 t 分布。

三 基于乘积误差模型的波动溢出效应

乘积误差模型首先由 Engle（2002）提出，其作为 GARCH 模型的扩展，主要研究非负金融时间序列数据的建模，该方法将正值过程确定为条件自回归形式的度量因子与一个取正值的更新过程的乘积。Engle 和 Russell（1998）提出的自回归条件持续（ACD）模型是 MEM 模型的特殊形式。Engle 和 Gallo（2006）使用三个不同的波动度量方式，包括绝对收益、日收盘开盘价差与已实现波动，在波动方程中引入度量因子的滞后指标，进而分析指标之间的相互作用，结果表明变量之间存在着显著的交互作用。Fabrizio Cipollini 等（2007）利用 Copula 函数估计度量因子的参数和更新过程的相关系数。

（一）模型与理论

乘积误差模型将 GARCH 模型扩展到了非负过程（Engle，2002；Engle and Gallo，2006）。一元模型的具体形示如下：

$$x_t = \mu_t \varepsilon_t \tag{5.8}$$

其中，μ_t 是以 I_{t-1} 为条件的度量因子，即 $\mu_t = \mu \ (I_{t-1}; \ \theta)$，$\theta$ 为控制 μ_t 动态性的未知参数向量；ε_t 表示具有非负支撑的扰动项，条件均值为 1，未知方差为 σ^2，并满足 $\varepsilon_t | I_{t-1} \sim D(1, \ \sigma^2)$。由 μ_t 和 ε_t 的假设，有：

$$E(x_t \mid I_{t-1}) = \mu_t \qquad (5.9)$$

$$V(x_t \mid I_{t-1}) = \sigma^2 \mu_t^2 \qquad (5.10)$$

该模型的一个优点就是不需要再利用对数形式给出变量的条件预期。

（二）误差项 ε_t 的估计方法

误差项 ε_t 始终没有确定的形式。一般地，我们首先需要确定真实的数据生成过程，才可能找到一个稳定的确定方式。现在假设 ε_t 服从 Γ 分布，即：

$$f(\varepsilon_t \mid I_{t-1}) = \frac{1}{\Gamma(a) b^a} \varepsilon_t^{a-1} \exp\left(-\frac{\varepsilon_t}{b} \right) \qquad (5.11)$$

ε_t 均值为 1 的性质表明，$b = 1/a$，则上式可整理为：

$$f(\varepsilon_t \mid I_{t-1}) = \frac{1}{\Gamma(a)} a^a \varepsilon_t^{a-1} \exp(-a\varepsilon_t) \qquad (5.12)$$

进而得到 x_t 的条件概率密度为：

$$f(x_t \mid I_{t-1}) = \frac{1}{\Gamma(a)} a^a x_t^{a-1} \mu_t^{-a} \exp\left(-a \frac{x_t}{\mu_t} \right) \qquad (5.13)$$

这个过程的条件均值为 $E(x_t \mid I_{t-1}) = \mu_t$，条件方差为 $Var(x_t \mid I_{t-1}) = \mu_t^2/a$。$a = 1/2$ 时，给出自由度为 1 的 χ^2 分布，$a = 1$ 时产生单位指数分布。一般来说，$a < 1$ 时的值将对随机变量的极小值或极大值赋予更大的权重，而 $a > 1$ 时的值产生驼峰形密度，对于较大的 a 值，将接近正态分布。

（5.13）式的对数似然函数为：

$$\ln L = C - a \sum_{t=1}^{T} \left(\ln\mu_t + \frac{x_t}{\mu_t} \right) \qquad (5.14)$$

其中，$C = \sum_{t=1}^{T} \ln\left(\frac{1}{\Gamma(a)} a^a x_t^{a-1} \right)$，可见，常数只依赖于 x_t 和 a 的值。极大似然估计就是要找到使上式达到最大的 θ，假设与 a 不相关，一阶条件必须满足：

$$\sum_{t=1}^{T} \left(\frac{x_t - \mu_t}{\mu_t^2} \right) \frac{\partial \mu_t}{\partial \theta} = 0 \qquad (5.15)$$

与（5.15）式给出的一阶条件一样，变量的平方根 $\sqrt{x_t}$ 作为度量因子，等于$\sqrt{\mu_t}$和半高斯误差项ν_t的乘积，即：

$$\sqrt{x_t} = \sqrt{\mu_t}\nu_t, \quad \nu_t \mid I_{t-1}服从半高斯分布 \qquad (5.16)$$

注意，这与高斯 GARCH 模型相一致，其中x_t是平方收益，μ_t是条件方差，误差项ν_t为自由度为 1 的χ^2分布。

（三）向量乘积误差模型

对于多元的情形，令x_t为K维具有非负成分过程。x_t的向量MEM（或简称 VMEM）为：

$$x_t = \mu_t \odot \xi_t = diag(\mu_t)\xi_t \qquad (5.17)$$

这里，$\odot$表示 Hadamard 积（元素相乘），并且$diag(\cdot)$表示对角矩阵，将向量元素作为主对角元素。以信息集I_{t-1}为条件，μ_t可以进行如下定义：

$$\mu_t = \mu(I_{t-1}; \theta) \qquad (5.18)$$

我们现在处理依赖于大的参数向量θ的K维向量，这是一个定义于$[0, +\infty)^K$的K维随机变量，预期值为向量 1 和一般方差协方差矩阵Σ，即：

$$\xi_t \mid I_{t-1} \sim D(1, \sum) \qquad (5.19)$$

从前面的条件可以得出：

$$E(x_t \mid I_{t-1}) = \mu_t \qquad (5.20)$$

$$V(x_t \mid I_{t-1}) = \mu_t\mu'_t \otimes \sum = diag(\mu_t)\sum diag(\mu_t) \qquad (5.21)$$

这里后一项为构造的正定矩阵。

关于度量项μ_t，一般确定可以为：

$$\mu_t = \omega + \sum_{l=1}^{L}\alpha_l x_{t-l} + \gamma_l x_{t-l}^{(-)} + \beta_l \mu_{t-1} \qquad (5.22)$$

在这些参数中（非零元素放在向量θ中），ω维数为$(K, 1)$，α_l、γ_l、β_l维数为(K, K)。如果二维系数集合中有些相应的成分对构建μ_t无用，则可以考虑为 0。L表示这些系数中至少一个包括非零元素的最大滞后阶数。$\gamma_l x_t^{(-)}$用来刻画与观测变量符号相关的非对称效应，$x_t^{(-)}$包含与符号变量相关的函数乘以$x_{t,i}$的值，令其为一个收益（0，1）或者为一个符号交易（买和卖分别用 1 和 -1 表示）。例如，当相同的资产用不同的波动指标度量时，如果前一天的收益为负值，示性函数就被指定为 1，否则为 0。在接下来的市场波动溢出研究中，每个市场都将有自己的指标函数，通过自身收益构建。

第三节　实证分析一：基于向量乘积误差模型的多个汇率市场的波动溢出效应研究

中日韩三国地理毗邻，长久以来在经济、文化等各方面都有密切的联系。自 1997 年首次召开东盟与中日韩领导人会议以来，三国一直持续召开高层领导会议，并于 2002 年提出了建立三国自贸区的构想，虽然至今仍未实现，但是 2015 年 6 月 1 日正式签署的中韩自贸协定 FTA，为其奠定了坚实的基础。2008 年金融危机爆发至今，中日韩三国更是深入开展合作，特别是在金融领域，全面促进了区域内经济金融的稳定与繁荣发展，同时区域化发展的趋势明显。因此，研究三国的汇率波动传递对防范亚洲金融风险至关重要。而且，人民币在全球汇率市场中的地位越来越重要，特别是在亚洲地区，越发地体现出其主导地位。本节将研究三国货币汇率波动之间的溢出效应，以对亚洲金融风险防范提供理论支持。

本节使用向量乘积误差模型，研究中国、日本与韩国三国货币汇率波动之间的溢出效应，借助 GARCH 模型的估计方法，估计乘积误差模型中度量因子的参数，并进一步分析各国汇率市场自身的杠杆效应及市场之间的交互杠杆效应。

本书采用 Engle 和 Gallo（2006）的方法，利用（5.22）式，取 $L=1$，在三国度量因子上引入度量因子的滞后指标，刻画收益率序列的非对称效应，研究三个汇率市场之间的波动溢出效应。中日韩的汇率收益率分别用 r_{ch}、r_{ja}、r_{ko} 表示，绝对值的收益率序列分别用 R_{ch}、R_{ja}、R_{ko} 表示。

图 5 - 2 中，Rch、Rja、Rko 分别表示人民币、日元、韩元的实际有效汇率的绝对值。由图 5 - 2 中可以看出：日元汇率的波动明显大于其他两国，人民币的汇率波动程度最小；同时，韩国实际汇率水平受两次金融危机的影响，在汇率波动上反映较为明显，而中国在两次金融危机中波动幅度均较小，说明我国货币是坚挺的。下面通过借助 GARCH 模型的估计方法对中日韩汇率的波动溢出效应进行研究。

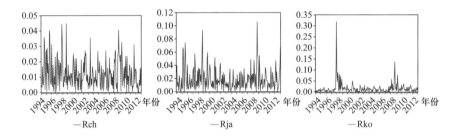

图 5 - 2　人民币、日元与韩元实际有效汇率的绝对值序列

选取中日韩三国 1994 年 1 月至 2014 年 3 月的实际有效汇率数据，利用向量乘积误差模型研究三国汇率之间的波动溢出效应。

从图 5 - 3 中可以看出，人民币与日元汇率波动的相关性较大，韩元与人民币、韩元与日元汇率波动的相关性较弱。

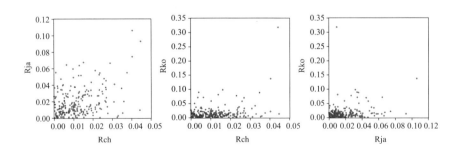

图 5 - 3　人民币、日元与韩元的实际有效汇率的绝对值散点示意

以人民币汇率波动为例，假设收益率序列波动的全模型为：

$$r_{t,ch}^2 = h_{t,ch}\zeta_t, \ \zeta_t \mid I_{t-1} \sim i.\,i.\,d.\,D(1, \ \xi_{ch}^2)$$

$$h_{t,ch} = (\omega_1 + \alpha_1 r_{t-1,ch}^2 + \beta_1 h_{t-1,ch}) + \gamma_1 r_{t-1,ch}^2 d_{t-1} + \delta_1 r_{t-1,ch} +$$

$$\varphi_1 r_{t-1,ja}^2 + \tau_1 r_{t-1,ja}^2 d_{t-1} + \psi_1 r_{t-1,ko}^2 + \lambda_1 r_{t-1,ko}^2 d_{t-1}$$

上式中，$h_{t,ch}$ 表示 t 期人民币汇率的波动方差，$r_{t-1,ch}$ 表示 $t-1$ 期人民币的实际有效汇率收益率，$r_{t-1,ch}^2 d_{t-1}$ 表示 $t-1$ 期收益为负值，即 $r_{t-1,ch} < 0$，则 $d_{t-1} = 1$，否则 $d_{t-1} = 0$，$r_{t-1,ja}$、$r_{t-1,ko}$ 分别表示 $t-1$ 期日元与韩元的实际有效汇率收益率，$r_{t-1,ja}^2 d_{t-1}$、$r_{t-1,ko}^2 d_{t-1}$ 分别表示当 $r_{t-1,ja} < 0$、$r_{t-1,ko} < 0$ 时 $d_{t-1} = 1$，否则 $d_{t-1} = 0$。

根据 BIC 准则，我们选取使 BIC 值达到最小的模型，得到的最终模型如表 5-1 所示。

表 5-1　根据 BIC 准则确定的人民币实际有效汇率波动模型

	系数	标准误差	Z 统计量	P 值
ω_1	0.000217	2.55E-05	8.493441	0.0000
α_1	-0.002344	0.001414	-1.657753	0.0974
β_1	-0.359710	0.099722	-3.607141	0.0003
φ_1	0.002978	0.001399	2.128853	0.0333
ψ_1	0.002858	0.001589	1.798443	0.0721
δ_1	0.005083	0.001504	3.379661	0.0007
γ_1	0.004381	0.002009	2.180721	0.0292

从表 5-1 中我们发现，对于人民币汇率，波动除了受自身滞后值的影响，还受前一期自身汇率收益率和前一期日本与韩国汇率波动的影响；此外，人民币汇率的波动具有显著的杠杆效应，即前一期汇率负的收益会对波动产生更大的影响。

对于其他两国汇率，我们有：

$$r_{t,ja}^2 = h_{t,ja}\pi_t, \ \pi_t \mid I_{t-1} \sim i.\,i.\,d.\,D(1, \ \xi_{ja}^2)$$

$$h_{t,ja} = (\omega_2 + \alpha_2 r_{t-1,ja}^2 + \beta_2 h_{t-1,ja}) + \gamma_2 r_{t-1,ja}^2 d_{t-1} + \delta_2 r_{t-1,ja} + \varphi_2 r_{t-1,ch}^2 +$$

$$\tau_2 r_{t-1,ch}^2 d_{t-1} + \psi_2 r_{t-1,ko}^2 + \lambda_2 r_{t-1,ko}^2 d_{t-1}$$

$$r_{t,ko}^2 = h_{t,ko}\upsilon_t, \ \upsilon_t \mid I_{t-1} \sim i.\,i.\,d.\,D(1, \ \xi_{ko}^2)$$

$$h_{t,ko} = (\omega_3 + \alpha_3 r_{t-1,ko}^2 + \beta_3 h_{t-1,ko}) + \gamma_3 r_{t-1,ko}^2 d_{t-1} + \delta_3 r_{t-1,ko} + \varphi_3 r_{t-1,ch}^2 +$$
$$\tau_3 r_{t-1,ch}^2 d_{t-1} + \psi_3 r_{t-1,ja}^2 + \lambda_3 r_{t-1,ja}^2 d_{t-1}$$

估计结果如表 5 - 2 所示。

表 5 - 2　　根据 BIC 准则确定的日元实际有效汇率波动模型

	系数	标准误差	Z 统计量	P 值
ω_2	0.000584	0.000127	4.618671	0.0000
α_2	0.754879	0.250301	3.015882	0.0026
β_2	- 0.127057	0.095741	- 1.627087	0.0845
φ_2	- 0.008327	0.004627	- 1.799598	0.0719
ψ_2	0.010032	0.005010	2.002214	0.0453
δ_2	- 0.004960	0.002687	- 1.845716	0.0649
γ_2	- 0.014091	0.005719	- 2.463714	0.0138

　　表 5 - 2 表明，对于日元实际有效汇率来说，其波动特征与人民币汇率波动相似，人民币汇率波动及韩元汇率波动对日元汇率产生波动溢出效应，日元汇率还受其前一期收益的影响，并具有显著的杠杆效应。

　　对于韩元实际有效汇率，根据 BIC 准则，选择的模型如下。

表 5 - 3　　根据 BIC 准则确定的韩元实际有效汇率波动模型

	系数	标准误差	Z 统计量	P 值
ω_3	0.000109	2.03E - 05	5.355597	0.0000
α_3	0.576605	0.072923	7.907057	0.0000
β_3	0.459841	0.046792	9.827284	0.0000
ψ_3	- 0.002494	0.000922	- 2.705715	0.0068
δ_3	- 0.007339	0.001513	- 4.850420	0.0000

　　表 5 - 3 说明，韩元汇率 GARCH 效应显著，汇率波动受前一期收益率的影响，但是不具有杠杆效应，即说明前一期汇率收益的正负对后一期的波动没有显著的影响，同时具有来自日元汇率的波动

溢出效应。

　　本节的实证分析运用向量乘积误差模型分析了中日韩三国货币的汇率波动溢出效应。由图 5-3 可以看出日元汇率与人民币汇率波动相关性较强，虽然实际中日元汇率总体呈现贬值趋势，而人民币汇率总体呈现升值趋势，但是两者的波动特征相似，人民币与日元的实际有效汇率既受自身过去波动、收益率的影响，也存在着来自其他两国汇率的波动溢出现象，而且人民币、日元汇率波动均存在显著的杠杆效应。对于韩元来说，汇率波动受前期波动与收益率的影响，但是不具有杠杆效应，同时只具有来自日元汇率的波动溢出效应，而不存在来自中国的波动溢出效应。这与实际情况也是相符的，在中日韩三国中，人民币汇率走势最为平稳，韩元汇率的波动较大，而且抵抗危机的能力较弱，两次亚洲金融危机均造成其汇率市场的剧烈波动，主要是受全球经济不景气等因素影响，出口形势较严峻，而且与中国、日本相比，韩国货币的国际化程度远远不够。

第四节　金融市场协同波动溢出效应模型

　　多个金融市场受到相同信息冲击时，通常会做出相似的反应（Roll，1992），这就表现出了市场间的协同波动特征。关于汇率市场协同波动的研究已有很多。Engle 和 Kozicki（1993）提出了协同 ARCH 因子的概念，并用该方法检验了汇率的协同波动。Carol（1995）利用协同 ARCH 因子方法分析了 1982 年 1 月 2 日至 1992 年 12 月 10 日的澳元、德国马克、西班牙比塞塔、英镑、意大利里拉、日元及荷兰盾的日度及每周的汇率协同波动。王昭伟（2011）利用 GARCH 类模型检验了中日韩三国货币实际汇率的协同波动现象，发现三国货币汇率都具有正向协同波动关系，其中，日韩之间的协同波动持续性最为显著，在此基础上，他还考虑了联合干预对汇率协同波动的作用。同时，金融市场之间普遍存在着风险的传导效应，即波动溢出，关于波动溢出的研究成果非常丰富。Baele（2005）研究了全球与区域一体化如何增加股票市场之间的依赖性，并对整个欧洲及美国市场对 13 个欧洲本土股票市场的波动溢出进行定量研究。Liu 和 Pan（1997）研究了美国与日本对亚洲四个股票市场（中国香港、新加坡、中国台湾和泰国）的均值收益与波动的溢出效应。在金融决策中，一个金融市场往往同时受到多个金融市场的波动影响，而多个市场间又可能具有协同波动特征，可以将多个金融市场作为整体来研究其对某一个金融市场的波动溢出效应。张瑞锋（2007，2008）分别使用主成分分析和独立成分分析方法消除了多个金融市场之间的相关性，并使用 GARCH 模型研究了多个金融市场对一个金融市场的协同波动溢出效应。关于多个汇率市场波动相关性的研究相对较少，安烨、张国兵（2012）采用非线性 Fourier 函数方法分析了 2005 年 7 月以来，人民币兑美元及非美元货币（欧元、日元）汇率之间的关系。

当多个金融市场的波动都对一个市场具有影响时，由于多个市场之间存在协同波动特征，如果将这些变量都作为一个金融市场波动的解释变量时，就容易出现多重共线性的问题，就不能真实地解释金融市场之间的波动溢出效应。所以，就需要考虑将多个市场相关数据综合成几个独立的数据，再度量这些变量对一个金融市场的影响，即协同波动溢出效应。协同波动溢出效应（张瑞锋，2008）具体指的是，多个金融市场的波动通过协同作用传递到另一个金融市场的强度。如果不同汇率市场之间存在协同波动，就表示各市场之间受共同因素的影响，则协同波动对其他汇率市场的影响与单个汇率市场之间的波动影响不同，从而风险规避策略也要有所调整。本节对 2010 年 6 月二次汇率启动后国际主要货币汇率之间的协同波动溢出效应进行研究，以期对投资组合策略制定提供理论支持。

金融市场协同波动溢出效应的模型主要研究多个金融市场对某个金融市场的溢出效应，因为多个金融市场之间通常存在着协同波动特征，因此多个金融市场对某个金融市场的影响不是相互独立的，需要将多个金融市场的波动通过某种技术手段转换成相互独立的成分，然后研究相互独立的变量对某个金融市场的波动溢出效应。这里主要介绍基于主成分分析和独立成分分析这两种方法的协同波动溢出效应。

一 基于 PCA – GARCH 模型的协同波动溢出效应

（一）主成分分析

主成分分析（Principal Component Analysis，PCA）是数据降维的一种方法，目的就是在回归模型中找到多重共线性关系，并删除这种关系。用到的方法就是对原来的自变量 x_1，x_2，$\cdots$，x_p 做线性变换，构造 p 个新的自变量 z_1，z_2，$\cdots$，z_p，使得某些 $z_j \approx 0$，这样就可以得到一个多重共线性关系，用某个近似为 0 的新变量表示。因为这个变量样本观测值近似为 0，所以对因变量 y 的影响很小，可以在方程中将这个自变量 z_j 删掉，这样我们就消除了一个多重共线性关系，类似地，可以把所有近似为 0 的代表每一个多重共线性关系的变量剔除掉。

下面是寻找这种线性变换的具体方法。设：

$$\begin{cases} Y = X\beta + \varepsilon \\ \varepsilon \sim N(0,\ \sigma^2 I_n) \end{cases} \tag{5.23}$$

其中，X 为 $n \times p$ 维矩阵。为避免变量的量纲不同所产生的影响，假设所有数据均已经进行"标准化"处理，记为（x_{i1}，x_{i2}，$\cdots$，x_{ip}），$i = 1$，2，$\cdots$，n，则有：

$$\sum_{i=1}^{n} x_{ij} = 0, \sum_{i=1}^{n} x_{ij}^2 = 1, j = 1, 2, \cdots, p \tag{5.24}$$

$X'X = R$ 是相关系数矩阵，其特征根 $\lambda_1 \geqslant \lambda_2 \geqslant \cdots \geqslant \lambda_p > 0$，$\sum_{i=1}^{p} \lambda_i = p$，因为 $tr(X'X) = \sum_{i=1}^{n} \lambda_i$。

把特征根相应的规范化特征向量记作 l_1，l_2，$\cdots$，l_p，并记：

$$\Lambda = \begin{pmatrix} \lambda_1 & 0 & 0 & 0 \\ 0 & \lambda_2 & 0 & 0 \\ 0 & 0 & \ddots & 0 \\ 0 & 0 & 0 & \lambda_p \end{pmatrix}$$

令 $P = (l_1, l_2, \cdots, l_p)$，$P$ 为正交阵，则：

$$(XP)'XP = \Lambda \tag{5.25}$$

令 $Z = XP$，则有 $Z'Z = \Lambda$，其中 Z 为 $n \times p$ 维矩阵。记 $Z = (z_1, z_2, \cdots, z_p)$，$z_j$ 为 $n \times 1$ 维向量，为 Z 的第 j 列，即：

$$z_j = Xl_j = \begin{pmatrix} z_{1j} \\ z_{2j} \\ \vdots \\ z_{nj} \end{pmatrix}, j = 1, 2, \cdots, p \tag{5.26}$$

$$Z = XP = \begin{pmatrix} x_{11} & x_{12} & \cdots & x_{1p} \\ x_{21} & x_{22} & \cdots & x_{2p} \\ \vdots & \vdots & \ddots & \vdots \\ x_{n1} & x_{n2} & \cdots & x_{np} \end{pmatrix} \begin{pmatrix} l_{11} & l_{21} & \cdots & x_{p1} \\ l_{12} & l_{22} & \cdots & x_{p2} \\ \vdots & \vdots & \ddots & \vdots \\ l_{1p} & l_{2p} & \cdots & x_{pp} \end{pmatrix} \tag{5.27}$$

矩阵 Z 的第一列 $z_1 = \begin{pmatrix} x_{11} \cdot l_{11} + x_{12} \cdot l_{12} + \cdots + x_{1p} \cdot l_{1p} \\ x_{21} \cdot l_{11} + x_{22} \cdot l_{12} + \cdots + x_{2p} \cdot l_{1p} \\ \vdots \\ x_{n1} \cdot l_{11} + x_{n2} \cdot l_{12} + \cdots + x_{np} \cdot l_{1p} \end{pmatrix}$

对 z_1 列求和，l_{11} 的系数等于 0，l_{1j} 的系数也为 0，故 $\sum\limits_{i=1}^{n} z_{ij} = 0$，$j = 1, 2, \cdots, p$。

由 $Z'Z = \Lambda = \begin{pmatrix} z_{11} & z_{21} & \cdots & z_{n1} \\ z_{12} & z_{22} & \cdots & z_{n2} \\ \vdots & \vdots & \ddots & \vdots \\ z_{1p} & z_{2p} & \cdots & z_{np} \end{pmatrix} \begin{pmatrix} z_{11} & z_{12} & \cdots & z_{1n} \\ z_{21} & z_{22} & \cdots & z_{2n} \\ \vdots & \vdots & \ddots & \vdots \\ z_{n1} & z_{n2} & \cdots & z_{np} \end{pmatrix}$

可得

$$\sum_{i=1}^{n} z_{ij}^2 = \lambda_j, j = 1, 2, \cdots, p \tag{5.28}$$

$$\sum_{i=1}^{n} z_{ij} \cdot z_{ik} = 0, k, j = 1, 2, \cdots, p, k \neq j \tag{5.29}$$

这个结果表明，Z 的各列之间正交，且当 $\lambda_j \approx 0$ 时，z_{1j}，z_{2j}，$\cdots$，

$z_{nj} \approx 0$，即当特征根近似为 0 时，由其对应的特征向量作系数构成的 x_1，x_2，$\cdots$，x_p 的线性组合的各个样本值近似为 0。

称 $z_j = l_{1j}x_1 + l_{2j}x_2 + \cdots + l_{pj}x_p$，$j = 1$，2，$\cdots$，$p$，为第 j 个主成分。其 n 个样本可表示为：

$$z_{ij} = l_{1j}x_{i1} + l_{2j}x_{i2} + \cdots + l_{pj}x_{ip}, \quad i = 1, 2, \cdots, n, \quad j = 1, 2, \cdots, p$$

$$(5.30)$$

由（5.28）式可知，z_{ij} 的偏差平方和为 λ_j，因为 λ_j 越大，其对应的变量在参数估计中的作用越大。λ_j 度量 n 个样本值差异的大小，度量包含原数据的信息量。依据规定，第一个主成分的 n 个样本值差异最大，第二个主成分的 n 个样本值的差异其次，依此类推，最后一个主成分的 n 个样本值差异最小。

当 $|X'X| \approx 0$ 时，由于每个 $\lambda_j > 0$（$j = 1$，2，$\cdots$，p）且 $\sum_{i=1}^{p} \lambda_j = p$，必存在一个 k，使 λ_{k+1}，λ_{k+2}，$\cdots$，λ_p 均近似为 0，从而使 z_{k+1}，z_{k+2}，$\cdots$，z_p 对 y 没有显著影响。这时，我们就可以对原来的模型进行简化，从而去掉不重要的量，得到 k 个主成分变量：

$$Z_c = (Z_1, Z_2, \cdots, Z_k)_{n \times k}, \quad \alpha_c = \begin{pmatrix} \alpha_1 \\ \alpha_2 \\ \vdots \\ \alpha_k \end{pmatrix} \qquad (5.31)$$

α_c 的最小二乘估计为：

$$\hat{\alpha}_c = (Z_c'Z_c)^{-1}Z_c'Y = \begin{pmatrix} \lambda_1 & 0 & 0 & 0 \\ 0 & \lambda_2 & 0 & 0 \\ 0 & 0 & \ddots & 0 \\ 0 & 0 & 0 & \lambda_p \end{pmatrix}^{-1} \begin{pmatrix} \sum_{i=1}^{n} z_{i1} \cdot y_i \\ \sum_{i=1}^{n} z_{i2} \cdot y_i \\ \vdots \\ \sum_{i=1}^{n} z_{ik} \cdot y_i \end{pmatrix}$$

$$= \begin{pmatrix} \sum_{i=1}^{n} z_{i1} \cdot y_i / \lambda_1 \\ \sum_{i=1}^{n} z_{i2} \cdot y_i / \lambda_2 \\ \vdots \\ \sum_{i=1}^{n} z_{ik} \cdot y_i / \lambda_k \end{pmatrix}$$

即 $\hat{\alpha}_j = \sum_{i=1}^{n} z_{ij} \cdot y_i / \lambda_j$，$j = 1, 2, \cdots, k$，从而可以称

$$\hat{\beta}_c = P_{P \times P} \cdot (\hat{\alpha}_c \quad 0) = \hat{\alpha}_1 l_1 + \hat{\alpha}_2 l_2 + \cdots + \hat{\alpha}_k l_k = \begin{pmatrix} \hat{\beta}_{1c} \\ \hat{\beta}_{2c} \\ \vdots \\ \hat{\beta}_{pc} \end{pmatrix}$$

为 β 的主成分估计。

方程 $\hat{y} = \hat{\alpha}_1 z_1 + \hat{\alpha}_2 z_2 + \cdots + \hat{\alpha}_k z_k$ 是 y 关于 k 个主成分的回归方程。因为在该方程中删去了 $p - k$ 个主成分，所以消去了 $p - k$ 个多重共线性关系。

在实际应用中，k 的取法如下：

（1）由于 $\sum_{i=1}^{p} \lambda_i = p$，而 λ_j 又反映第 j 个主成分各样本间的差异，从而给定一个 c，$0 < c < 1$，就可以找到一个 k，使 $\sum_{j=1}^{k-1} \lambda_j / p < c$ 和 $\sum_{j=1}^{k} \lambda_j / p \geq c$ 同时满足，通常取 c 为 70% 以上。称 λ_j / p 为第 j 个主成分的贡献率（或方差百分比）；$\sum_{j=1}^{k} \lambda_j / p$ 为前 k 个主成分的累计贡献率(或累计方差百分比)。

（2）删去 $\lambda_j \leqslant 0.01$ 的特征根所对应的主成分。

（3）在实际问题中，根据需要选择 k 值。

（二）基于 PCA – GARCH 模型的金融市场协同波动溢出

可以利用主成分分析将 m 个金融市场的波动 X_{1t}，X_{2t}，$\cdots$，X_{mt}

转换成新指标 F_{1t}，F_{2t}，$\cdots$，F_{kt}（$k \leqslant m$），这样不仅降维，而且新指标彼此之间不相关。所以，可以将新波动指标作为一个金融市场波动的解释变量，则某个金融市场的波动溢出模型可以表示为：

$$Y_t = \varphi_1 Y_{t-1} + \varphi_2 Y_{t-2} + \cdots + \varphi_p Y_{t-p} + b_1 F_{1t} + b_2 F_{2t} + \cdots + b_k F_{kt} + \varepsilon_t$$

$$(5.32)$$

在给定的显著性水平下，参数 b_i（$i = 1$，$\cdots$，k）的 t 统计量若显著不为零，则说明第 i 个主成分对一个金融市场的收益存在波动溢出效应，否则不存在。同时，可以根据主成分中各个分量所占的权重，确定某个主成分中，主要有哪些金融市场对该金融市场具有溢出效应。

二　基于 ICA – GARCH 模型的协同波动溢出效应

（一）独立成分分析

随机向量的独立成分分析（Independent Component Analysis, ICA）包括寻找使成分之间统计依赖性最小的线性变换。ICA 的概念可以看作主成分分析的扩展。

快速独立成分分析（Fast Independent Component Analysis, Fast ICA）算法是由 Hyvärinen 等（1999）提出的，用于去掉序列之间的相关性，从而提取出序列中相互独立的成分。

（二）汇率波动的 ICA 模型

假设有 k 个汇率市场的波动对一个汇率市场的收益率产生波动溢出，k 个汇率市场的波动分别记为 X_1，X_2，$\cdots$，X_k，汇率波动的 ICA 模型可以表示如下：

$$X = As \quad\quad\quad (5.33)$$

其中，X 表示 k 个汇率市场的波动数据组成的 $k \times T$ 阶矩阵；s 表示各个独立成分组成的 $k \times T$ 阶矩阵；A 表示未知的 $k \times k$ 阶混合矩阵。

设 A 的逆矩阵为 W，称为分离矩阵，如果能计算出 W，则可以由下式得到独立成分 s，即：

$$s = WX \quad\quad\quad (5.34)$$

（三）数据的预处理

为了简化算法，首先将数据进行中心化，即观测数据减去样本均值。由（5.34）式可知，独立成分也是零均值的，且 $E(s) = WE(X_c)$，X_c 表示中心化后的矩阵。对于零均值数据，用 Fast ICA 算法估计出独立成分后，可以将 $WE(X)$ 加到零均值独立成分中，然后需要对中心化的数据进行白化处理以降低混合矩阵的参数个数，并使各行数据之间不相关并且矩阵具有单位方差，即将观测数据矩阵 X_c 进行线性变换，变换公式为：

$$z = VX_c \tag{5.35}$$

由 $E(X_c X_c^T) = EDE^T$，其中，E 是 $E(X_c X_c^T)$ 的特征向量组成的正交矩阵，D 是其特征值所组成的对角矩阵，可有 $V = ED^{-1/2}E^T$，则（5.35）式可以表示为：

$$z = ED^{-1/2}E^T X_c \tag{5.36}$$

（四）Fast ICA 的估计及算法实现

由信息论理论可知，高斯变量是所有等方差变量中熵最大的随机变量，因此我们常用负熵来度量非高斯性。本书利用 Hyvärinen 等（1999）提出的基于近似负熵的 Fast ICA 方法估计模型中的参数。一般来说，随机变量的负熵越大，说明其不确定性越大。利用这一特点，就可以使用随机变量的负熵度量随机变量非高斯性的目标函数。

随机变量的负熵可以定义为：

$$J(x) = H_G(x) = \int p(x) \ln \frac{p(x)}{p_G(x)} dx \tag{5.37}$$

$p_G(x)$ 表示与随机变量 x 具有相同的均值和方差的高斯随机变量的概率密度函数。由（5.37）式可知，若 x 为高斯分布，则负熵值为 0；若 x 为非高斯分布，则负熵值大于 0。同时，我们还需要利用负熵的另一个重要性质，即对所有的可逆线性变换，负熵值不变。所以，负熵是度量随机变量非高斯性的最优的工具之一。

因为无法知道随机变量 x 的概率密度，所以我们使用近似公式

$$N_g(Y) \approx \{E[g(Y)] - E[g(Y_{Gauss})]\}^2 \tag{5.38}$$

其中，$E(\cdot)$ 为期望；$g(\cdot)$ 为非线性函数，可以取 $g_1(y) = \tanh(a_1 y)$，$g_2(y) = y\exp(-y^2/2)$ 或 $g_3(y) = y^3$ 等形式，$1 \leqslant a_1 \leqslant 2$，

通常取 $a_1 = 1$。Fast ICA 算法就是要找一个方向使 $W^T X (Y = W^T X)$ 具有最大的非高斯性。

（五）金融市场协同波动溢出判断

通过独立成分分析，我们将多个金融市场的波动 X_{1t}，X_{2t}，…，X_{kt} 转换成了几个相互独立的新波动变量 s_{1t}，s_{2t}，…，s_{kt}，将新变量作为一个金融市场收益率的解释变量来研究多个金融市场对这个金融市场收益率的协同波动溢出问题。由此，得到协同波动溢出的判定方程：

$$\Phi(L) R_t = \Theta(L) \varepsilon_t + b_1 s_{1t} + b_2 s_{2t} + \cdots + b_k s_{kt}, \ t = 1, 2, \cdots, T$$

$$(5.39)$$

每个独立成分都包括 k 个金融市场收益率波动的信息，因此，任何一个独立成分都可以看作 k 个金融市场收益率波动的协同影响。若 b_1，b_2，…，b_k 中任一个系数显著不为零，则说明 k 个金融市场的波动对某个金融市场收益率产生协同波动溢出；如果全部为零，则说明 k 个金融市场对某个金融市场收益不产生协同波动溢出。

下面我们对主要汇率市场之间的协同波动溢出进行分析，并对两两汇率市场之间的波动溢出进行比较。

第五节　实证分析二：基于 ICA – GARCH 模型的汇率市场协同波动溢出效应研究

本节选取 2010 年 6 月 19 日至 2013 年 12 月 3 日的人民币兑美元（USD/CNY）、人民币兑港元（HKD/CNY）、人民币兑日元（JPY/CNY）、人民币兑欧元（EUR/CNY）及人民币兑英镑（GBP/CNY）汇率的日度数据研究我国 2010 年 6 月二次汇改后各主要汇率市场之间的协同波动溢出效应，从而为汇率投资风险规避提供理论依据。

首先通过各汇率收益率的描述性统计量（见表 5 – 4），刻画汇率市场的波动特征。

表 5 - 4　　　　　　　　各汇率收益率的描述统计量

汇率收益率	均值	中位数	最大值	最小值	标准误差	偏度	峰度
USD/CNY	- 0.000136	- 0.000133	0.003638	- 0.004330	0.000934	- 0.093004	4.366740
HKD/CNY	- 0.000133	- 0.000113	0.010720	- 0.011312	0.001077	- 0.242736	32.39541
JPY/CNY	- 0.000285	0.000000	0.021068	- 0.051497	0.006204	- 1.238223	11.79072
EUR/CNY	- 7.74E - 05	0.000168	0.032520	- 0.020119	0.006254	0.137981	4.188716
GBP/CNY	- 0.000109	- 3.08E - 05	0.018946	- 0.015488	0.004814	0.184455	3.882488

由表 5 - 4 可以看到，汇率收益率具有尖峰特征，所以我们运用 GED - GARCH 模型刻画各国汇率的波动。用 R_{USD}、R_{HKD}、R_{JPY}、R_{EUR}、R_{GBP} 分别表示各个汇率市场的收益，X_{USD}、X_{HKD}、X_{JPY}、X_{EUR}、X_{GBP} 分别表示各个汇率市场的波动，计算公式为 $X_i = |R_i - E(R_i)|$，i 表示各汇率市场，我们将用汇率的样本均值估计收益。然后，根据赤池信息量准则（Akaike Information Criterion，AIC），对每个汇率市场给出最优的汇率波动模型，结果如表 5 - 5 所示。

表 5 - 5　　　　　　　　各个汇率波动模型

	汇率波动模型		汇率波动模型
USD/CNY	AR(1) - GARCH(1, 1)	EUR/CNY	GARCH(1, 1)
HKD/CNY	AR(1) - GARCH(1, 1)	GBP/CNY	MA(1) - GED-TGARCH(1, 1)
JPY/CNY	GARCH(1, 1)		

一　汇率市场之间的波动溢出

利用（5.36）式对单个汇率市场之间的波动溢出效应进行判定，给出各参数的估计值及 Z 统计量。

表 5 - 6 汇率市场之间的波动溢出效应

波动溢出系数估计值	X_{USD}	X_{HKD}	X_{JPY}	X_{EUR}	X_{GBP}
R_{USD}	-0.116** (-4.476)	-0.083** (-3.601)	-0.007* (-1.654)	-0.013** (-2.967)	-0.019** (-3.026)
R_{HKD}	0.092** (2.062)	-0.119** (-2.998)	0.011* (1.737)	0.0066 (0.967)	0.0154* (1.702)
R_{JPY}	-0.255 (-0.948)	0.154 (0.794)	-0.202** (-5.745)	0.073* (1.807)	0.052 (0.992)
R_{EUR}	-1.503** (-5.227)	-0.847** (-4.489)	0.054 (1.569)	-0.086* (-1.761)	0.158** (2.574)
R_{GBP}	-0.634** (-2.534)	-0.209 (-1.59)	0.0659** (2.47)	0.0881** (2.650)	0.0542 (1.190)

注：**表示系数在5%的显著性水平下显著，*表示系数在10%的显著性水平下显著。括号中的数字表示 Z 统计量值。

从表 5 - 6 可以看出：美元、港元及英镑对日元均没有显著的波动溢出效应，港元对英镑、日元对欧元、欧元对港元没有波动溢出效应，除此之外，其他汇率之间均存在波动溢出效应，说明日元受其他汇率波动的影响较小。美元汇率既受其他汇率波动的溢出影响，同时也对其他汇率产生波动溢出效应。

二　汇率市场之间的协同波动溢出

首先研究多个汇率市场对美元汇率的协同波动溢出效应。如果将波动变量 X_{HKD}、X_{JPY}、X_{EUR}、X_{GBP} 直接引入模型，得到的均值方程为：

$$R_{USD,t} = 0.084R_{USD,t-1} - 0.054X_{HKD} + 0.002X_{JPY} - 0.0038X_{EUR} - 0.009X_{GBP}$$

$$(2.133) \quad\quad (-1.597) \quad (0.404) \quad\quad (-0.505)$$

$$(-0.893)$$

方程下方括号中数字表示 Z 统计量值。检验发现，所有波动变量系数均不显著，说明波动变量之间存在着相关性，或多重共线性，所以我们需要对这些波动变量进行独立成分分解。利用 Fast ICA 算法，我们将四个波动变量变换成四个独立成分，如图 5 - 4 所示。

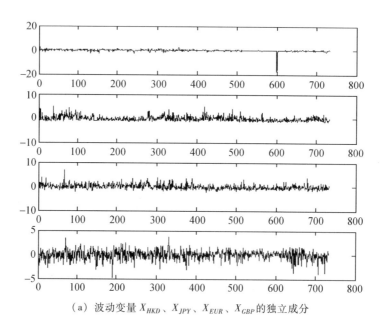

（a）波动变量 X_{HKD}、X_{JPY}、X_{EUR}、X_{GBP} 的独立成分

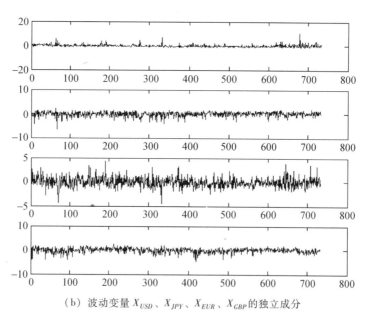

（b）波动变量 X_{USD}、X_{JPY}、X_{EUR}、X_{GBP} 的独立成分

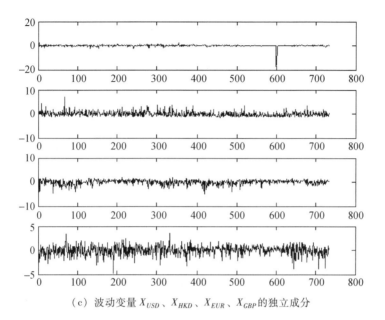

（c）波动变量 X_{USD}、X_{HKD}、X_{EUR}、X_{GBP} 的独立成分

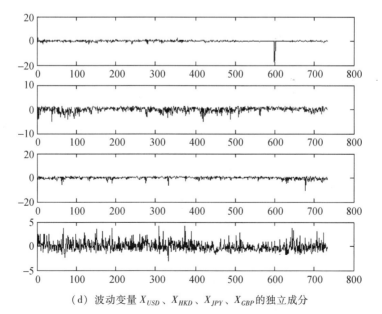

（d）波动变量 X_{USD}、X_{HKD}、X_{JPY}、X_{GBP} 的独立成分

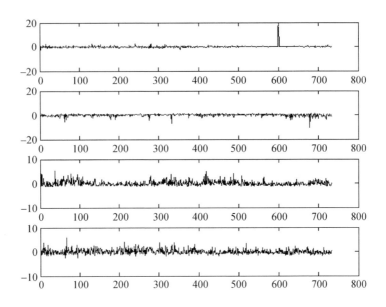

（e）波动变量 X_{USD}、X_{HKD}、X_{JPY}、X_{EUR} 的独立成分

图 5 - 4 各波动变量的独立成分

图 5 - 4 中的独立成分度量了不同的波动程度，对于人民币兑美元汇率来说，波动变量 X_{HKD}、X_{JPY}、X_{EUR}、X_{GBP} 的分离矩阵为：

$$W_{USD} = \begin{pmatrix} 1438.34 & -1617.45 & -16.85 & 17.38 \\ 1560.08 & 69.68 & 14.068 & 13.214 \\ -457.33 & -212.42 & 206.89 & 127.64 \\ -128.48 & 59.85 & 197.74 & -336.82 \end{pmatrix}$$

在分离矩阵 W_{USD} 中，每个独立成分分别用 $S_{USD,1}$、$S_{USD,2}$、$S_{USD,3}$、$S_{USD,4}$ 表示。$S_{USD,1}$ 中 X_{HKD} 和 X_{JPY} 所对应的权重较大，X_{HKD} 符号为正，X_{JPY} 符号为负，所以 $S_{USD,1}$ 度量的是人民币兑港元汇率波动与人民币兑日元汇率波动之差；$S_{USD,2}$ 中 X_{HKD} 所对应的权重最大，度量人民币兑港元的汇率波动；$S_{USD,3}$ 中 X_{HKD}、X_{JPY}、X_{EUR}、X_{GBP} 对应的权重相差不大，所以 $S_{USD,3}$ 度量了四种汇率的协同波动；$S_{USD,4}$ 中 X_{HKD}、X_{EUR}、X_{GBP} 所对应的权重均较大，所以 $S_{USD,4}$ 度量人民币兑港元、欧元及英镑汇率的协同波动。

对于人民币兑其他货币的汇率，对应的分离矩阵分别为：

$$W_{HKD} = \begin{pmatrix} -94.50 & 215.37 & 13.84 & 32.92 \\ -118.14 & 73.07 & 204.87 & -108.25 \\ -488.93 & 37.46 & -152.46 & 335.82 \\ -1664.68 & -11.65 & 134.64 & -74.26 \end{pmatrix}$$

$$W_{JPY} = \begin{pmatrix} 1438.34 & -1617.45 & -16.85 & 17.38 \\ 128.49 & -171.28 & 204.40 & 113.03 \\ -1624.91 & -137.80 & 70.55 & 16.40 \\ -51.60 & 72.34 & 188.00 & -341.86 \end{pmatrix}$$

$$W_{EUR} = \begin{pmatrix} 1415.41 & -1621.01 & 0.64 & 9.13 \\ -1576.85 & -79.57 & -11.47 & -12.50 \\ -192.07 & -21.32 & 215.94 & 42.02 \\ -149.49 & -192.12 & -76.16 & 337.11 \end{pmatrix}$$

$$W_{GBP} = \begin{pmatrix} -1436.13 & 1608.84 & -3.93 & 12.45 \\ 85.12 & 8.14 & -218.78 & -26.39 \\ 1576.72 & 79.85 & -6.27 & 9.74 \\ -406.95 & -180.14 & -64.42 & 267.46 \end{pmatrix}$$

其他货币汇率波动的分离矩阵与人民币兑美元汇率波动的分离矩阵解释相似，这里就不再赘述了。

对于每个汇率收益率序列，将四个独立成分引入 GARCH 模型的均值方程中，系数的估计值在表 5-7 中给出。

从独立成分估计的系数可以看到，在 95% 的显著性水平下，对美元汇率来说，只有 $S_{USD,2}$ 的参数是显著不为 0 的，而 $S_{USD,2}$ 度量的是港元汇率的收益率波动，所以表明只有港元汇率对美元汇率有显著的波动溢出效应。而表 5-7 结果显示，所有汇率市场均对美元汇率有显著的波动溢出效应，主要原因是在分离矩阵 W_{USD} 中，$S_{USD,1}$、$S_{USD,3}$、$S_{USD,4}$ 均为其他汇率的协同波动，并且波动之间符号相反，说明如果将其他汇率市场波动作为一个整体，其波动即风险是可以相互抵消的，所以最终只表现出了港元汇率对美元汇率的波动溢出效应。

表 5 - 7　　　　　　　GARCH 均值方程中独立成分的估计值

	S_1	S_2	S_3	S_4
USD/CNY	0.000032	- 0.0000526 *	- 0.0000142	0.0000145
	(0.893)	(- 2.951)	(- 0.578)	(0.512)
HKD/CNY	0.0000579 *	0.0000223	0.0000216	- 0.0000644 *
	(2.053)	(- 0.819)	(0.801)	(- 2.626)
JPY/CNY	- 0.000179	0.000193	0.000179	- 0.000126
	(- 1.12)	(1.21)	(1.122)	(- 0.077)
EUR/CNY	0.0000276	0.000888 *	0.000455 *	0.000666 *
	(0.263)	(5.211)	(2.73)	(3.488)
GBP/CNY	0.0000417	- 0.000279 *	- 0.000407 *	0.00033 *
	(0.40)	(- 2.64)	(- 2.96)	(3.665)

注：* 表示在 5% 的显著性水平下是显著的。括号中的数字表示 Z 统计量值。

对于人民币兑港元汇率收益率来说，$S_{HKD,1}$、$S_{HKD,4}$ 系数显著不为零，因为 $S_{HKD,1}$ 度量的是人民币兑日元汇率波动，说明在低波动范围内，日元汇率对港元汇率存在波动溢出效应。$S_{HKD,4}$ 度量的是美元汇率对港元汇率的波动溢出效应。$S_{HKD,2}$、$S_{HKD,3}$ 没有对其产生波动溢出效应，因为虽然英镑汇率对港元汇率具有直接的波动溢出效应，但是其受欧元、美元汇率波动影响较大，所以三个汇率波动作为整体考虑时就没有体现出对英镑汇率的波动溢出效应。

对于日元汇率来说，其他汇率市场对其没有波动溢出效应，这与表 5 - 7 中的结论相一致，日元只有在 10% 的显著性水平下受到欧元波动溢出效应的影响。

对于欧元汇率来说，独立成分 $S_{EUR,2}$、$S_{EUR,3}$、$S_{EUR,4}$ 均对其产生波动溢出效应，并且分别具有中波动、低波动和高波动特征，其中 $S_{EUR,2}$ 度量人民币兑美元汇率的波动，$S_{EUR,3}$ 度量的是人民币兑日元汇率波动与人民币兑美元汇率波动差，$S_{EUR,4}$ 度量人民币兑美元、港元和英镑的汇率协同波动，说明：在美元汇率波动适中时会对欧元汇率产生溢出效应，日元汇率与美元汇率差较小时，会对欧元汇率产生协同波动溢出效应，当美元、港元和英镑汇率出现协同高波动时，将对欧元汇率产生协同波动溢出效应，这对汇率风险管理有很大的作用，日元汇率对美元汇率没有直接的波动溢出效应，而是通过美元汇率间接对欧元汇率产生波动溢出效应。

对于英镑汇率来说，独立成分 $S_{GBP,2}$、$S_{GBP,3}$、$S_{GBP,4}$ 的系数显著不为零，说明日元、美元汇率波动及美元、港元、欧元汇率的协同波动均对英镑汇率产生了波动溢出效应。由表 5 – 7 可知，港元汇率对英镑汇率没有直接波动溢出效应，而是通过美元、欧元汇率间接对英镑汇率产生波动溢出效应。

第六节　本章小结

本章对多个人民币汇率市场的波动溢出效应及协同波动溢出效应进行了研究。首先介绍了几种刻画波动溢出效应的模型，包括 GARCH、SV 及乘积误差模型，并基于乘积误差模型对中日韩三国汇率波动溢出效应进行了实证分析，结果表明：日元汇率与人民币汇率波动相关性较强，虽然实际中日元汇率总体呈现贬值趋势，而人民币汇率总体呈现升值趋势，但是两者的波动特征相似，人民币与日元的实际有效汇率既受到自身过去波动、收益率的影响，也存在来自其他两国汇率的波动溢出现象，而且人民币、日元汇率波动均存在显著的杠杆效应。对于韩国来说，汇率波动受到前期波动与收益率的影响，但是不具有杠杆效应，同时只具有来自日元汇率的波动溢出效应，而不存在来自中国的波动溢出效应。这与实际情况也是相符的。中日韩三国中，中国汇率走势最为平稳，韩国汇率的波动较大，而且抵抗危机的能力较弱，两次亚洲金融危机均造成其汇率市场的剧烈波动，主要是因为受全球经济不景气等因素影响，出口形势较严峻，而且与中国、日本相比，韩国货币的国际化程度远远不够。

本章随后又考虑了多个汇率市场之间的协同波动溢出效应，即在五个汇率波动序列 X_{USD}、X_{HKD}、X_{JPY}、X_{EUR}、X_{GBP} 中选取四个序列

（如 X_{HKD}、X_{JPY}、X_{EUR}、X_{GBP}）进行 Fast ICA 分析，得到四个独立成分，进而将这些独立波动成分作为因子引入另一个汇率收益率序列（R_{USD}）的 GARCH 模型均值方程中，度量它们对这个汇率收益率（R_{USD}）的波动协同溢出效应。通过实证分析，我们得到以下结论。

对于人民币兑美元汇率来说，将港元、日元、欧元及英镑汇率市场波动作为一个整体，其波动是可以相互抵消的，最终作为整体只表现出了低波动下港元汇率对美元汇率的波动溢出效应，也说明了美元投资的稳定性，其他汇率市场的波动不会对美元汇率市场产生显著的影响。

对于人民币兑港元汇率收益率来说，在低波动范围内，只有日元汇率对港元汇率存在波动溢出效应。同时，美元汇率对港元汇率的波动具有溢出效应。虽然英镑汇率对港元汇率具有直接的波动溢出效应，但是其受欧元汇率、美元汇率波动影响较大，所以将这三种货币的汇率波动作为整体考虑时就不能体现出对港元汇率的波动溢出效应，可以利用美元、欧元及英镑汇率的投资规避港元汇率的高波动风险。

对于日元汇率来说，其他汇率市场对其没有波动溢出效应，主要是因为近年来日本经济出现了很大的危机，导致日元大幅下跌，所以日元汇率的波动主要受其自身的经济状况影响，而其他汇率市场对其影响较小。

对于人民币兑欧元汇率来说，美元汇率在波动适中时会对欧元汇率产生溢出效应，日元汇率与美元汇率差在波动较小时，会对欧元汇率产生协同波动溢出效应，当美元、港元和英镑汇率出现协同高波动时，将对欧元汇率产生协同波动溢出效应，日元汇率对欧元汇率没有直接的波动溢出效应，而是通过美元汇率间接对欧元汇率产生波动溢出效应。

对于人民币兑英镑汇率来说，日元汇率、美元汇率均有波动溢出效应；同时，美元、港元和欧元的汇率也对英镑汇率产生协同波动溢出效应，港元汇率对英镑汇率没有直接波动溢出效应，而是通过美元、欧元汇率间接对英镑汇率产生波动溢出效应。

第六章　汇率波动的持续性及协同持续性

汇率收益率的持续性又称为长记忆性，不仅表示内部及外界的宏观经济冲击将长期影响汇率市场，也表明汇率市场的波动性在一定程度上是可以预测的。汇率的长记忆性包括收益率序列的长记忆性和波动的长记忆性。收益率反映价格的变化，因此检验汇率收益率序列中是否存在长记忆性，分析我国汇率市场的结构，并预测我国汇率市场的未来发展趋势对我国经济发展具有非常重要的指导作用。收益率的波动主要用来度量投资者决策的确定性，因此对汇率波动率是否存在长记忆性进行检验，不仅能作为参考进行合理的投资决策，使投资者正确判别汇率市场风险，确定投资策略，而且能够为我国政府相关部门进行风险管理及防范提供重要的参照依据。

收益率序列的长记忆性主要通过 ARIMA 模型或 ARFIMA 模型刻画。下面主要对度量长记忆效应的 R/S 分析、ARFIMA 模型及 FI-GARH 模型方法进行详细介绍。

第一节　R/S 分析

R/S 分析是由英国水文学家 Hurst（1951）提出的，后来该方法被广泛用于时间序列分析中。Mandelbrot（1972）首次将该方法用于研究美国债券市场，Peters（1991）将该方法作为研究分形市场假说的工具，进行了很多实证分析，如利用该方法检验股票市场指数的持续有效记忆并发现股票市场指数存在四年的周期。

R/S 统计量是时间序列与均值差的求和的极差，再除以标准差。我们用 x_1，x_2，$\cdots$，x_n 表示收益率序列，收益率均值用 $\bar{x}_n$ 表示，则 n 期收益率序列的 R/S 统计量为：

$$R/S_n = \frac{1}{S_n} \left| \max_{1 < k < n} \sum_{j=1}^{k} (x_j - \bar{x}_n) - \min_{1 < k < n} \sum_{j=1}^{k} (x_j - \bar{x}_n) \right| \qquad (6.1)$$

其中，S_n 是标准差估计量。Hurst 发现，观测值可以通过下式刻画：

$$R/S_n = an^H \qquad (6.2)$$

其中，H 为 Hurst 指数。对方程两边取对数，Hurst 指数可以用下面的回归方程进行估计：

$$\ln(R/S_n) = \ln(a) + H(\ln(n)) \qquad (6.3)$$

通过蒙特卡洛模拟，Hurst 注意到：如果潜在的过程是从稳定分布中提取的，那么 $H = 0.5$；如果 $H > 0.5$，证明存在持续依赖性（大的值倾向于伴随着大的值，小的值倾向于伴随着小的值）；如果 $H < 0.5$，则表明遍历性和均值回复过程是可控的。无限记忆结果表明，H 将渐近稳定在某些不为 0.5 的值上，并且不管样本容量有多大，都将保持在那些值上。而 Peters（1991）认为，在一些无限记忆过程中，在有限样本内，H 将稳定在一些不为 0.5 的值上，但随着样本容量的增加，H 将渐近趋向 0.5。用回归分析估计 Hurst 指数，存在的问题是自相关性导致回归系数的偏差较大。Lo（1991）研究发现，经典 R/S 值因为统计不显著没有被接受，所以提出了修正 R/S 统计量，其中 S_n 被调整为短期依赖：

$$S_n(q) = \frac{1}{n} \sum_{j=1}^{n} (x_j - \bar{x}_n)^2 + \frac{2}{n} \sum_{j=1}^{q} w_j(q) \left[\sum_{i=j+1}^{n} (x_i - \bar{x}_n)(x_{i-j} - \bar{x}_n) \right]^{0.5} \qquad (6.4)$$

其中，$W_j(q) = 1 - \left| \dfrac{j}{q+1} \right|$，$q < n$。

q 用于调整 S_n 的差函数中的滞后阶数。用 $R/S_n(q)$ 代替 R/S_n。两个统计量均由观测值进行了标准化，并且检验统计量 V_n 和 $V_n(q)$ 可以表示为：

$$V_n = \frac{1}{\sqrt{n}} \times \frac{R_n}{S_n}, \quad V_n(q) = \frac{1}{\sqrt{n}} \times \frac{R_n}{S_n(q)} \qquad (6.5)$$

V_n 是经典 R/S 统计量，等价于 q 等于零时的 Lo（1991）修正 R/S 统计量，这些统计量可以根据特征根对显著性进行估计。

Cheung（1993）利用蒙特卡洛模拟方法分析的结果表明，修正 R/S 对非平稳方差和 ARCH 效应的估计效果是稳健的。Lo（1991）假设了一个无限记忆过程，该假设过于严格，后来 Cheungand Lai（1993）的研究表明 R/S 分析也可以用于不同的子区间。

波动性分析广泛用于金融计量领域，主要指潜在资产收益的条件标准差。波动模型提供了度量金融资产的风险价值的简单方法。并且，对时间序列的波动性建模可以改进参数估计的效率和预测的准确性。第四章已经介绍，度量条件方差变化的模型是条件异方差模型。ARCH 模型和 GARCH 模型被提出后，Engle 和 Bollerslev（1986）考虑了一类特殊的 GARCH 模型，即 IGARCH 模型，该模型没有条件方差。若 GARCH(p, q) 模型中的 $\sum_{i=1}^{q} \alpha_i + \sum_{j=1}^{p} \beta_i = 1$，则为 IGARCH 模型，同 ARIMA 模型相似，IGARCH 模型的一个关键特征是过去的平方冲击 $\nu_{t-i} = \varepsilon_{t-i}^2 - h_{t-i}$（$i > 0$）对 ε_t^2 的影响是持续的。IGARCH（1，1）可以写为：

$$\varepsilon_t = z_t h_t^{1/2}, \quad h_t = \alpha_0 + \beta_1 h_{t-1} + (1 - \beta_1) \varepsilon_{t-1}^2 \tag{6.6}$$

这里，$\{z_t\}$ 表示均值为 0、方差为 1 的分布，$0 < \beta_1 < 1$。IGARCH 模型显示了平方收益冲击的条件方差的无穷持续性。实际上，有些波动过程都是均值回复的，有时 IGARCH 模型的要求过于严格，因此 FIGARCH 模型被提了出来，该模型能够解释金融市场波动中的暂时依赖性。特别的是，FIGARCH 模型只是考虑了条件方差函数中滞后平方或绝对扰动是按缓慢的双曲率衰减的这种情况。该模型能够适应方差的时间依赖性和具有长记忆性的收益的尖峰无条件分布。

大量研究表明，IGARCH 模型和 FIGARCH 模型的表现优于很多条件异方差模型。Baillie 等（1996）应用 FIGARCH 模型研究汇率的波动，Bollerslev 和 Mikkelsen（1996）以及 Beine、Laurent 和 Lecourt（2002）将该方法用于研究股票市场。Baillie、Han、Myers 和

Song（2007）检验了六种商品日度和高频日间未来收益的长记忆性。Mukherjee、Sen 和 Sarkar（2011），Sawant 和 Yadav（2011）检验了孟买证券交易所的股票市场收益的长记忆性。Crato 和 Ray（2000）、Jin 和 Frechette（2004）对一些农产品期货收益日度波动的长记忆效应进行了研究。下面将首先详细地给出金融市场波动特征的计量分析方法，再利用该方法对汇率市场进行研究。

第二节　金融市场的波动持续性模型

一　IGARCH 模型

前面第四章已经介绍了条件异方差模型，在 GARCH(p, q) 中，ε_t^2 可以表示为 ARMA(m, p)，如（6.7）式所示：

$$[1 - \alpha(L) - \beta(L)] \varepsilon_t^2 = \alpha_0 + [1 - \beta(L)] \nu_t \qquad (6.7)$$

这里，$m = \max \{p, q\}$，$\nu_t = \varepsilon_t^2 - h_t$。$\{\nu_t\}$ 过程可以解释为条件方差的扰动，是零均值的鞅过程。因此，IGARCH(p, q) 过程可以写为：

$$[1 - \alpha(L) - \beta(L)](1 - L)\varepsilon_t^2 = \alpha_0 + [1 - \beta(L)] \nu_t \qquad (6.8)$$

二　FIGARCH 模型

FIGARCH 模型是通过用分数差分算子 $(1 - L)^d$ 代替一阶差分算子 $(1 - L)$ 获得的，这里 d 是分数，$0 < d < 1$。因此，可得 FI-GARCH 模型：

$$[1 - \alpha(L) - \beta(L)](1 - L)^d \varepsilon_t^2 = \alpha_0 + [1 - \beta(L)] \nu_t \qquad (6.9)$$

Davidson（2004）认为，该方法可以发展为一个更灵活的过程，与其他的 GARCH 类模型相比，可以用更好的方式刻画观测到的金融市场波动的暂时依赖性。

分数差分算子 $(1 - L)^d$ 可以写为超几何函数的形式，即：

$$(1 - L)^d = F(-d, 1, 1, L)$$

$$= \sum_{k=0}^{\infty} \Gamma(k - d) \Gamma(k + 1)^{-1} \Gamma(-d)^{-1} L^k \qquad (6.10)$$

由 Granger 和 Joyeux（1980）、Granger（1980，1981）和 Hosking（1981）引入的实值过程 $\{y_t\}$ 的 ARFIMA（p，d，q）类模型，可定义为：

$$a(L)(1-L)^d y_t = b(L) z_t \tag{6.11}$$

这里，$a(L)$ 和 $b(L)$ 表示滞后阶数分别为 p 和 q 的滞后算子多项式，$\{z_t\}$ 是零均值序列不相关过程。对于 ARFIMA 模型，分数参数 d 位于 $-1/2$ 和 $1/2$ 之间（Hosking，1981）。ARFIMA 模型是均值过程 ARMA 模型的分整形式，对应的 ε_t^2 的 FIGARCH（p，d，q）可以定义为：

$$\phi(L)(1-L)^d \varepsilon_t^2 = \alpha_0 + [1-\beta(L)] v_t \tag{6.12}$$

其中，$0 < d < 1$，$\phi（L）$ 和 $[1-\beta（L）]$ 的单位根在单位圆外。

在这里，长记忆算子没有作用于常数 α_0，而是只作用于平方误差项上，这是其与 ARFIMA 的区别所在。

Bordignon、Caporin 和 Lisi（2004）将季节性因素引入了 FIGARCH 模型，允许周期性和长记忆行为均出现在条件方差中，将这两个方面合并，考虑既有周期性又具有长记忆性的模型。这样，模型改写为：

$$h_t = \alpha_0 + \alpha(L)\varepsilon_t^2 + \beta(L)h_t + [1-(1-L^S)]^d \varepsilon_t^2 \tag{6.13}$$

条件方差中的前三项为一般 GARCH 模型，第四项为长记忆成分，其中算子是零阶和季节性的。参数 S 描述周期长度，而 d 表示记忆程度。

调整（6.9）式中的各项，FIGARCH（p，d，q）可以用另一种表达式获得，即：

$$[1-\beta(L)] h_t = \alpha_0 + [1-\beta(L)-\phi(L)(1-L)^d] \varepsilon_t^2 \tag{6.14}$$

根据（6.14）式，y_t 的条件方差 h_t 由下式给出：

$$
\begin{aligned}
h_t &= \alpha_0[1-\beta(1)]^{-1} + \{1-[1-\beta(L)]^{-1}\phi(L)(1-L)^d\}\varepsilon_t^2 \\
&= \alpha_0[1-\beta(1)]^{-1} + \lambda(L)\varepsilon_t^2
\end{aligned} \tag{6.15}
$$

这里，$\lambda（L）= \lambda_1 L + \lambda_2 L^2 + \cdots$。对于（6.15）式，条件方差能够保证非负性。

当我们估计 FIGARCH 模型时，有时会满足不了所有参数为正

的条件，这就要求根据这些条件调整模型。出于这种考虑，Conrad
和 Haag（2006）使用了另一个条件集合以保证所有情况下条件方差
均为正。

三 基于 NIG 分布的 FIGARCH 模型

在 GARCH 模型中，通常假设金融市场收益的经验分布尾部要
比正态分布尾部厚，Barndorff - Nielsen（1997）、Anderson（2001）、
Jensen 和 Lunde（2001）提出了用正态逆高斯（NIG）分布度量
GARCH 的误差和随机波动的模型。随机变量 X 的 NIG 分布的密度
函数为：

$$NIG(x;\ a,\ b,\ \mu,\ \delta) = \frac{a}{\pi\delta}\exp(\sqrt{a^2 - b^2} + b\frac{x-\mu}{\delta}) \times$$

$$q\left(\frac{x-\mu}{\delta}\right)^{-1} k_1\left(aq\left(\frac{x-\mu}{\delta}\right)\right) \tag{6.16}$$

其中，$q(y) = \sqrt{1 + y^2}$，y 为任意实数，$0 \leqslant |b| \leqslant a$，$x$、$\mu \in R$，$\delta >$
0，$k_1(\cdot)$ 表示三阶修正的 Bessel 函数。

NIG 分布要优于 t 分布和正态分布，不只是尾部还有中心，都
比标准正态分布峰度要高。Kilic（2007）引入了基于 NIG 分布的
FIGARCH 模型，要描述 FIGARCH - NIG 模型，令收益率序列 r_t 为：

$$r_t = \mu + \frac{b\sqrt{\gamma}}{a}\sigma_t + z_t h_t^{1/2}, \quad t = 1,\ \cdots,\ T \tag{6.17}$$

其中，z_t 是零均值、方差为 1 的不相关序列。令 z_t 的密度为 NIG 分
布，则：

$$z_t \sim NIG\left(a,\ b,\ \frac{-b\sqrt{\gamma}}{a},\ \frac{\gamma^{3/2}}{a}\right),\ \gamma = \sqrt{a^2 - b^2} \tag{6.18}$$

确定 NIG 分布的方式显示了收益率 r_t 同样也服从 NIG 分
布，即：

$$r_t | \psi_{t-1} \sim NIG\left(a,\ b,\ \mu,\ \frac{\gamma^{3/2}}{a}h_t^{1/2}\right) \tag{6.19}$$

这里，ψ_{t-1} 是信息集，$\psi_{t-1} = \sigma(r_{t-1},\ r_{t-2},\ \cdots)$。条件期望和方差
分别为：

$$E(r_t | \psi_{t-1}) = \mu + h_t^{1/2} \frac{b\sqrt{\gamma}}{a}, \ t = 1, \cdots, T \qquad (6.20)$$

$$Var(r_t | \psi_{t-1}) = h_t \qquad (6.21)$$

NIG 分布的参数化允许假定随机变量的条件方差中的瞬时依赖性只是由 h_t 给出。令

$$u_t = r_t - E(r_t | \psi_{t-1}) = r_t - h_t^{1/2} \frac{b\sqrt{a^2 - b^2}}{a} - \mu \qquad (6.22)$$

是收益过程的更新，则 FIGARCH – NIG 模型可以由下式给出：

$$\phi(L)(1 - L)^d u_t^2 = \alpha_0 + [1 - \beta(L)] \nu_t \qquad (6.23)$$

其中，$\nu_t = u_t^2 - h_t$，$0 < d < 1$。FIGARCH 模型比 GARCH 模型或 IGARCH 模型具有更强的记忆性，因此基于 NIG 分布的 FIGARCH 模型可以更好地对双曲线记忆和其他凸性特征的序列建模。

四 FIGARCH 模型的估计与预测

FIGARCH 模型参数估计的传统做法是使用极大似然估计方法，并且假设 z_t 是正态分布。但是，在一些经验证据面前，正态性假设受到了质疑，因此使用准极大似然估计是最优的。基于样本 $\{\varepsilon_1, \varepsilon_2, \cdots, \varepsilon_T\}$，模型可以写为：

$$\ln L(\theta, \varepsilon_1, \varepsilon_2, \cdots, \varepsilon_T) = -0.5T\ln(2\pi) - 0.5\sum_{t=1}^{T} [\ln(h_t) + \varepsilon_t^2 h_t^{-1}]$$
$$(6.24)$$

其中，$\theta' \equiv (\alpha_0, d, \beta_1, \cdots, \beta_p, \phi_1, \cdots, \phi_q)$，以初值为条件使似然函数达到最大。特别地，我们需要固定（6.15）式中无条件样本方差的所有 ε_t^2（$t = 0, -1, -2, \cdots$）的先验样本值。

对于 FIGARCH（p, d, q），$d > 0$，总体方差不存在。在大部分高频金融数据中，标准更新 $z_t = h_t^{-1/2} \varepsilon_t$ 是高峰的，并且是非正态分布的。在这些情况下，稳定的准极大似然估计（QMLE）过程（Weiss，1986；Bollerslev and Wooldridge，1992）可以给出更好的结果。

Baillie 等（1996）认为，当通过扩展 IGARCH（1, 1）的一个类似的结果，使 $\{\varepsilon_1, \varepsilon_2, \cdots, \varepsilon_T\}$ 构成 FIGARCH（1, d, 0）过

程的一个样本时，准极大似然估计量 $\tilde{\theta}_T$ 满足渐近正态性。他们使用一个上限表示 IGARCH 模型中 ARCH（∞）的无穷阶系数序列，相似的论证也用于说明 FIGARCH 模型的准极大似然估计的渐近性质。Mikosch 和 Starica（2003）指出，Baillie 等人的观点不是完全正确的。实际上，不可能通过一个指数衰减序列限制双曲延迟序列（任意 FIGARCH 过程的 ARCH（∞）系数），这将影响他们观点的证明（Caporin，2003）。然而，Monte Carlo 试验（Baillie et al.，1996；Bollerslev and Mikkelsen，1996）仍然有效，并且可用于得到准极大似然估计的一致性和渐近正态性的结论。这里，他们考虑的唯一模型是 FIGARCH（1，d，0），对于一般 FIGARCH（p，d，q）模型，准极大似然估计的一致性和渐近性证明还没有解决。

当估计 FIGARCH 参数时，首先要估计参数 d 的值，并且使用这些估计获得其他参数的估计值（Lopes and Mendes，2006；Härdle and Mungo，2008）。估计 d 的方法有 Geweke 和 Porter - Hudak（1983）的对数周期回归估计（GPH）以及 Robinson（1995）的高斯半参数估计（GPS）等。

现在我们将考虑使用 FIGARCH 模型进行预测。使用（6.15）式，有：

$$h_{t+1} = \alpha_0(1 - \beta(1))^{-1} + \lambda(L)\varepsilon_{t+1}^2$$
$$= \alpha_0(1 - \beta(1))^{-1} + \lambda_1\varepsilon_t^2 + \lambda_2\varepsilon_{t-1}^2 + \cdots$$

h_t 的一期向前预测由下式给出：

$$h_t(1) = \alpha_0(1 - \beta(1))^{-1} + \lambda_1\varepsilon_t^2 + \lambda_2\varepsilon_{t-1}^2 + \cdots$$

类似地，二期向前预测为：

$$h_t(2) = \alpha_0(1 - \beta(1))^{-1} + \lambda_1 h_t(1) + \lambda_2\varepsilon_t^2 + \cdots$$

一般地，l 期向前预测为：

$$h_t(l) = \alpha_0(1 - \beta(1))^{-1} + \lambda_1 h_t(l-1) + \cdots$$
$$+ \lambda_{l-1} h_t(1) + \lambda_l\varepsilon_t^2 + \lambda_{l+1}\varepsilon_{t-1}^2 + \cdots$$

实际中，我们通常会取个较大的 M 值，在 M 处停止，这样给出如下的预测方程：

$$h_t(l) = \alpha_0 (1 - \beta(1))^{-1} + \sum_{i=1}^{l-1} \lambda_i h_t(l-i) + \sum_{j=1}^{M} \lambda_{l+j} \varepsilon_{t-j}^2$$

其中，参数由对应的估计值替代。

五　A – FIGARCH 模型

Baillie 和 Morana（2009）提出了自适应 FIGARCH（A – FI-GARCH）模型。这个模型可以同时说明经济与金融时间序列的波动过程的长记忆性和结构转变。因此，A – FIGARCH 模型具有随机长记忆过程和确定的突变过程成分。A – FIGARCH（p，d，q，k）过程是通过将条件方差方程中截距项 ω 设定为时变而推导出来的。条件方差由下式给出：

$$[1 - \beta(L)](h_t - \omega_t) = [1 - \beta(L) - \phi(L)(1-L)^d] \varepsilon_t^2 \qquad (6.25)$$

其中，$\omega_t = \omega_0 + \sum_{j=1}^{k} [\gamma_j \sin(2\pi jt/T) + \delta_j \cos(2\pi jt/T)]$。

这个模型有长记忆效应和时变截距两个成分。该模型考虑突变、周期和漂移项变化。即使 ω_t 是平滑的，也可能存在突然的机制转变。A – FIGARCH 的参数可以通过准极大似然估计方法进行推断。Nasr、Boutahr 和 Trabelsi（2010）提出了一个新的方法，即分整时变 GARCH 模型（FITVGARCH），以获得波动过程中长记忆性和结构突变特征。A – FIGARCH 模型允许截距项是一个缓慢变化函数，但是这个新模型假定 FIGARCH 模型中条件方差方程中所有的参数是时间依赖的。更精确地说，由于参数随时间的变化被假设为平滑的，可以使用对数平滑转化函数进行建模。

六　HYGARCH 模型

Davidson（2004）提出了 HYGARCH（双曲 GARCH）模型，与FIGARCH 模型关系密切。众所周知，GARCH（p，q）可以写成平方的 ARMA 模型：

$$\phi(L)\varepsilon_t^2 = \alpha_0 + \beta(L)\nu_t$$

其中，$\nu_t = \varepsilon_t^2 - h_t$。通过重新调整各项，可得：

$$h_t = \frac{\alpha_0}{\beta(1)} + \left(1 - \frac{\phi(L)}{\beta(L)}\right)\varepsilon_t^2 = \alpha_0 + \lambda(L)\varepsilon_t^2 \qquad (6.26)$$

这样，在一个 IGARCH (p, q) 模型中，有：

$$\lambda(L) = \left(1 - \frac{\phi(L)}{\beta(L)}\right)(1 - L) \tag{6.27}$$

并且对于 FIGARCH (p, q)，为

$$\lambda(L) = \left(1 - \frac{\phi(L)}{\beta(L)}\right)(1 - L)^d, \ 0 < d < 1 \tag{6.28}$$

FIGARCH 模型是双曲滞后权重的 IGARCH 模型的一般化形式。在模型中，Davidson（2004）将振幅和长记忆性作为不同的现象，对单位振幅进行检验，当 d 接近 1 的时候，这个模型可以刻画长记忆特征而行为不会怪异。HYGARCH 模型可以由（6.29）式给出：

$$\lambda(L) = \left(1 - \frac{\phi(L)}{\beta(L)}\right)(1 + \alpha((-L)^d - 1)) \tag{6.29}$$

其中，$\alpha \geq 0$ 是振幅参数，并且 $d \geq 0$。Davidson（2004）表明，可以用 QMLE 方法估计 HYGARCH 的参数。

七 ST - FIGARCH 模型

Kilic（2011）提出了平滑转换自回归 FIGARCH（ST - FIGARCH）模型，将方差波动过程中的长记忆性和非线性结合起来考虑。ST - FIGARCH 模型对 FIGARCH 模型进行了扩展，通过对条件方差引入平滑转化确定方法的方式考虑非线性动态和非对称性。ST - FIGARCH 模型可以以相对简化的方式在波动集聚的振幅和条件波动的非对称性两方面进行平滑转换。这样的动态性不能用标准的 FIGARCH 建模。ST - FIGARCH 模型考虑条件方差依赖变量的变化。依赖于转换变量的符号和波动幅度，条件方差可以在低和高波动区制之间平稳地转换。同其他模型一样，我们只介绍一阶的情形。

平滑转换 FIGARCH $(1, d, 1)$ 模型定义为：

$$(1 - \phi(L))(1 - L)^d \varepsilon_t^2 = \alpha_0 + [1 - \beta(1 - G(z_{t-s}, \gamma, c))L - \beta^* G(z_{t-s}, \gamma, c)L]v_t \tag{6.30}$$

其中，$v_t = \varepsilon_t^2 - h_t$，$0 < d < 1$，$\beta$ 和 β^* 是波动的动态参数，并且

$$G(z_{t-s}, \gamma, c) = \frac{1}{1 + \exp(-\gamma(z_{t-s} - c))} \tag{6.31}$$

是 Logistic 变换函数，转换变量 z 滞后 s 期，其中，s 为延迟参数，c

为局部或阈值参数。为了确定并刻画极端区制之间的转换速度，我们假设转换参数 γ 是正的。

ST – FIGARCH 模型的一个有用的特性就是研究者可以根据问题选择 z。可能的选择包括时间（如果假定条件波动是平滑转换的，那么时间可能就有用）、收益率序列的过去取值和未观测冲击的过去值。例如，汇率和股票市场中，消息可能会产生波动动态性的平滑转换。对这个模型的参数进行估计和推断，可以使用 Kilic（2011）给出的准极大似然估计方法。准极大似然估计的持续性和渐近正态性的证明在这种情况下需要进行充分研究。

八　非对称 FIGARCH 模型

很多实证研究表明，与正收益相比，负的收益会伴随着更大的波动。非对称效应导致几类非对称波动模型的引入。金融市场中方差的长记忆和非对称已经在文献中被广泛讨论。Hwang（2001）提出了非对称分整广义自回归条件异方差族（Asymmetric FIGARCH）模型，将长记忆和非对称结合起来：

$$\varepsilon_t = h_t^{1/2} z_t$$

$$h_t^{\lambda/2} = \frac{\alpha_0}{1 - \beta_1} + \left[1 - \frac{1 - \phi_1 L (1 - L)^d}{1 - \beta_1 L} \right] f^v(\varepsilon_t) h_t^{\lambda/2} \qquad (6.32)$$

$$f(\varepsilon_t) = \left| \frac{\varepsilon_t}{\sigma_t} - b \right| - c \left(\frac{\varepsilon_t}{\sigma_t} - b \right), \quad |c| \leqslant 1 \qquad (6.33)$$

其中，$z_t \sim i.i.d. D(0, 1)$，$D(0, 1)$ 表示均值为 0、方差为 1 的确定分布。这里，b 和 c 分别表示信息响应曲线的转换和旋转。分布可能是正态分布、学生 t 分布或者更灵活的分布，如 NIG、方差伽马分布（VG）、广义双曲分布。Ruiz 和 Perez（2003）表明，当 $\lambda = 0$ 时，模型建立错误，这种情况下条件标准离差无法定义。因此，Ruiz 和 Perez（2003）将（6.32）式中的模型修正为：

$$\varepsilon_t = h_t^{1/2} z_t$$

$$1 - \phi_1 L (1 - L)^d \frac{h_t^{\lambda/2} - 1}{\lambda} = \alpha_0^* + \alpha (1 + \psi L) h_{t-1}^{\lambda/2} f^v(z_{t-1} - 1) \qquad (6.34)$$

其中，$f(\cdot)$ 与（6.33）式中的相同。当 $\nu = \lambda = 2$ 且 $b = c = 0$ 时，我

们恰好得到 FIGARCH 模型。

第三节　金融市场波动的协同持续性

在介绍波动协同持续之前，我们首先介绍一下单整及协整的概念，以便更好地理解波动的持续性及协同持续性。

协整的含义就是两个或多个单整序列，最高的单整阶数为 d，存在这些单整序列的线性组合构成的序列，单整阶数比 d 低。协整检验是一种非常重要的计量经济分析方法，可以通过该方法确定非平稳变量之间的长期稳定均衡关系。（1）协整概念指出，具有协整关系的高阶单整序列的线性组合可以降低单整阶数。如果一些一阶单整变量具有协整关系，则这些变量的某种线性组合将为一个平稳的时间序列，可用来描述这些变量间的长期均衡关系。只要均衡关系存在，变量间的平稳的线性组合就存在。（2）只有当所给出的非平稳变量具有协整性关系时，由这些变量建立的回归模型才有意义。所以，协整检验也是区别真实回归和伪回归的有效方法。

协同持续性定义：如果存在一个向量 $\gamma \in R^N$，使 $\{vec2\,(\gamma)\}_i \neq 0$，并且

$$\lim_{t \to \infty} \sup \left| E_s(\gamma'H\gamma) - E_0(\gamma'H\gamma) \right| = \lim_{t \to \infty} \sup \left| vec2(\gamma)'H_t^*(s) \right| = 0$$

$$(6.35)$$

对任意 $s > 0$ 成立，从而 $\sup_{t \to \infty} \left| \{H_t^*(s)\}_i \right| \neq 0$ 对所有的 $s > 0$ 及 $i = 1, 2, \cdots, N(N+1)/2$ 几乎处处成立，则称多元随机过程 $\{y_t\}$ 为方差的协同持续性。

该定义与均值协整的思想类似，用来刻画一些过程的方差和协方差最优预测中冲击的持续性。由线性组合 $\{\gamma'y_t\}$ 定义的单变量随机过程，对传统方差的冲击只有一个暂时的影响。下面我们将用 γ 表示协整向量。与均值的协整类似，方差的协同持续性定义判定变量的线性组合不存在持续性。对于资产收益向量 $\{y_t\}$ 响应的权

重为 $\gamma/\gamma'\gamma$ 的投资组合没有持续性。对于一些向量 $\theta \in R^{N(N+1)/2}$ 可能有 $\sup_{t\to\infty} |\{H_t^*(s)\}_i| \neq 0$，而不是 $vec2(\gamma)$ 的形式，这样的关系解释很困难。协同持续性度量当某些金融或经济时间序列显示出方差的持续性时，如果具有方差持续性的变量间某种线性组合并不表现出方差的持续性，则表明变量间存在一种共同的长期线性的趋势。

波动的协同持续性类似于收益率序列的协整分析，只是协整为时间序列一阶矩的共同趋势研究，而波动的协同持续是在二阶矩的范畴内进行研究。如果多个具有相同分整阶数的序列通过线性组合得到新的序列，该序列分整阶数小于原来每个序列的分整阶数，则称这几个序列存在着波动的协同持续性。协同持续性的研究对金融市场的投资有何指导意义呢？Bollerslev 和 R. F. Engle（1993）对德国马克兑美元和英镑兑美元汇率序列的协同持续性进行了研究，得出的结论是存在协同持续性。

很多时间序列表现出了方差的持续性，那么多个变量可能具有相同的长期成分，若几个变量具有相同的长期成分，则可以定义为具有方差的协同持续性。协同持续线性组合表示长期关系，这些条件与 Engle 和 Granger（1987）提出的均值的线性协整关系类似。协同持续性对资产价格关系和最优投资组合决策具有重要的意义，因为在 Markowitz 投资组合模型中，多个正确投资收益的方差和协方差被假设为常量，研究不考虑风险的持续性。投资者为避免风险持续性带来的风险，通常的做法是剔除具有方差持续性的资产以规避风险。但当多种资产具有协同持续关系时，协方差的持续性在长期投资的意义下将会消失，此时投资者关心的是如何在多种资产投资之间寻找协同持续关系，而不关心不同资产之间协方差持续性问题。由此，存在持续性与协同持续性时，长期投资者规避风险将会采取不同的投资决策。建立在风险持续性和协同持续性观点上的组合投资理论将改变静态处理投资风险的 Markowitz 的组合投资理论。它将从风险的持续影响和规避的角度重新审视长期投资问题，从动态角度研究多因素风险的预测和规避策略。从风险的视角来看，波动的持续性增加了投资者将来投资的不确定性。

第四节　实证分析：人民币汇率市场波动
持续性及协同持续性研究

　　本节首先选取了与人民币交易较活跃的六种货币的汇率，即人民币兑美元、欧元、英镑、加元、澳元、日元汇率（分别用 US、EUR、GBP、CAD、AUD 及 JPY 表示）。2010 年 6 月 19 日，汇率改革重新启动后，每个汇率的收益率序列用 $100 \times (\ln(P_t) - \ln(P_{t-1}))$ 表示。

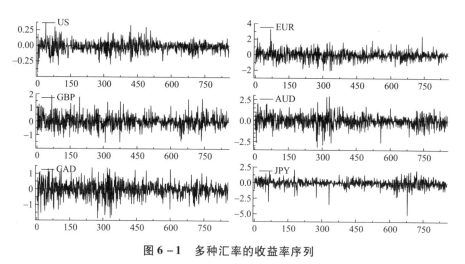

图 6-1　多种汇率的收益率序列

　　图 6-1 表示各个汇率的收益率序列均存在着波动的持续性特征，为进一步分析其统计特征，表 6-1 给出了各个汇率收益率序列的描述统计量。

　　由表 6-1 可以看到，各个汇率收益率序列的波动特征相似，普遍具有波动持续性特征，尖峰厚尾的程度较接近，因此初步判断各个收益率序列可能存在着协同持续性的特征。下面我们进行深入的分析。

表 6 – 1　　　　　　各个汇率的收益率序列的描述统计量

	US	EUR	GBP	AUD	CAD	JPY
均值	– 0.013222	– 0.000879	– 0.000956	– 0.011199	– 0.018164	– 0.000879
中位数	– 0.012705	0.018778	– 0.002022	0.007070	– 0.016509	0.018778
最大值	0.363816	3.251999	1.894606	2.900610	1.385070	3.251999
最小值	– 0.433012	– 2.011945	– 1.548628	– 3.138528	– 1.982640	– 2.011945
标准误差	0.089206	0.600957	0.473413	0.719318	0.482263	0.600957
偏度	– 0.115694	0.174602	0.239346	– 0.222837	– 0.259615	0.174602
峰度	4.571835	4.598683	3.898023	4.647069	4.114082	4.598683
JB 统计量	90.02999	95.50576	36.93612	103.8421	53.88441	95.50576
概率 P 值	0.000000	0.000000	0.000000	0.000000	0.000000	0.000000

一　人民币兑美元汇率的双重记忆性研究

关于金融市场双重记忆特征的文献很多。Teyssiere（1997）将时变条件异方差 ARFIMA 模型看作 FIGARCH 模型的条件均值方差，进而提出了度量时序均值以及波动过程中双重长期记忆性效应的 ARFIMA – FIGARCH 模型。随后 Baillie 等（2002）以及 Conrad 和 Karanasos（2005）等利用 ARFIMA – FIGARCH 模型研究了美国、日本、英国等不同国家通货膨胀率序列均值过程及波动过程中的双重长期记忆特征问题，并获得了比较好的拟合效果。国内学者刘金全等（2007）及刘金全和隋建利（2010）运用 ARFIMA – FIGARCH 模型对我国的通货膨胀率均值及波动过程的双重长期记忆性进行了度量。该方法也曾用于股票分析，罗登跃、王玉华（2005）用该方法检验了我国上海股票市场收益率及波动序列中是否存在长期记忆效应。

我们选取 2010 年 6 月 19 日汇率改革重新启动后的人民币兑美元汇率收益率序列样本，通过建立 ARFIMA – HYGARCH 模型研究其双重长期记忆特性。估计结果见表 6 – 2。

表 6 - 2 　　　　　　　　　人民币兑美元汇率收益率
序列的 **ARFIMA - HYGARCH** 模型估计结果

参数	系数	标准误差	t 统计量	P 值
Cst（M）	- 0. 01104	0. 002376	- 4. 646	0
d_m	- 0. 02913	0. 037576	- 0. 7752	0. 4384
φ_1	- 0. 21578	0. 20218	- 1. 067	0. 2861
θ_1	0. 311788	0. 18403	1. 694	0. 0906
$\alpha_0 \times 10^6$	0. 000384	0. 000372	1. 034	0. 3016
d_v	0. 496094	0. 18971	2. 615	0. 0091
α_1	0. 054341	0. 14385	0. 3778	0. 7057
β_1	0. 523139	0. 20171	2. 594	0. 0097
v	11. 31434	3. 8753	2. 92	0. 0036
ln（α）	- 0. 03493	0. 085724	- 0. 4074	0. 6838

从估计的结果我们可以看到，人民币兑美元的汇率收益率序列
和波动序列均具有长记忆性，即双重长期记忆特征。也就是说，对
于收益率序列来说，若前一期汇率是上升的，则后一期上升的可能
性较大；若前一期汇率是下降的，则后一期是下降的可能性较大。
我国汇率市场在这段时间持续升值，恰好体现了汇率收益率序列的
长记忆性。对于汇率波动序列来说，也存在着若波动程度在前一期
较高，则后一期也偏高，在前一期偏低，则后一期也偏低的现象。

二　人民币兑其他货币汇率的波动持续特征

下面我们研究人民币汇率的波动持续特征，进而探讨其协同持
续特征。考虑到其他汇率的中间价都是外汇交易中心分别根据当日
人民币兑美元汇率中间价与上午 9 时国际外汇市场中欧元、英镑、
澳元、加元、日元兑美元汇率套算得到的，所以我们将序列中人民
币兑美元汇率序列去掉，对人民币兑其他货币汇率收益率序列的波
动特征进行分析。我们考虑使用与人民币兑美元汇率相同的 ARFI-
MA - HYGARCH 模型对各序列进行估计，结果发现，如果用同样的
方法进行估计，估计系数符号会出现问题，所以我们首先建立
GARCH（1，1）模型，以人民币兑欧元汇率为例研究其波动持续特
征及影响。

对于 GARCH（1，1）模型 $h_t = \alpha_0 + \alpha_1 \varepsilon_t^2 + \beta_1 h_{t-1}$，人民币兑欧元汇率收益率序列的 GARCH（1，1）模型估计结果如表 6-3 所示。

表 6-3　　　　　　　　人民币兑欧元汇率收益率
序列的 GARCH（1，1）模型估计结果

参数	系数	标准误差	t 统计量	P 值
d_m	-0.012391	0.033633	-0.3684	0.7127
φ_1	-0.552036	0.19057	-2.897	0.0039
θ_1	0.507584	0.18633	2.724	0.0066
$\alpha_0 \times 10^6$	0.021953	0.18990	0.1156	0.9080
α_1	0.009968	0.0073531	1.356	0.1756
β_1	0.988701	0.010610	93.19	0.0000

条件方差的向前 s 期预测为：

$$E_t[h_{t+s}] = \alpha_0 \frac{1-(\alpha+\beta)^s}{1-(\alpha+\beta)} + (\alpha+\beta)^{s-1} h_{t+1}$$

我们将估计结果代入，并假设投资期限分别为 10 天、30 天及 100 天，则：

$$E_t[h_{t+10}] = (2.1822E-7) + 0.988085 h_{t+1}$$
$$E_t[h_{t+30}] = (6.46036E-7) + 0.962112 h_{t+1}$$
$$E_t[h_{t+100}] = (2.05675E-06) + 0.876467 h_{t+1}$$

可见，经过很长的时期后，当期的波动仍然会对未来收益的波动产生显著影响，从风险的角度来看，波动的持续性加大了投资者未来投资的不确定性。其他汇率也具有同样的波动特征，估计结果见表 6-4。

表 6-4 所列结果显示，五个汇率收益率序列的记忆性都较强，需建立 IGARCH 模型度量其波动性，即说明所有汇率收益率序列都具有很强的持续性特征。因此，利用 IGARCH 模型或 ARFIMA-IGARCH 模型对五个汇率收益率序列的波动持续性进行刻画，模型估计结果见表 6-5。

表6-4　　各汇率收益率序列的 GARCH（1，1）模型或
ARFIMA（1，d，1）-GARCH（1，1）模型估计结果

参数	EUR	GBP	CAD	AUD	JPY
Cst（M）	-0.000122 （0.0002061）	-0.000111 （0.00017604）		0.661122 （0.47869）	-0.593915 （0.00029331）
d_m	-0.014154 （0.033956）				
φ_1	-0.555597** （0.18785）				-0.593915 （0.11668）
θ_1	0.512271** （0.1832）				0.635508 （0.11624）
$\alpha_0 \times 10^6$	0.025948 （0.1958）	0.23503 （0.00017604）	0.355686 （0.20941）	0.045912 （0.014086）	2.815312 （3.6017）
α_1	0.010282 （0.0077592）	0.019914 （0.008742）	0.048943 （0.01278）	0.045912 （0.014086）	0.088963 （0.11998）
β_1	0.988295 （0.011154）	0.970632 （0.011595）	0.936265 （0.015749）	0.941944 （0.017129）	0.84478 （0.18239）

注：**表示结果在5%的显著性水平下显著。括号中的数字表示 Z 统计量值。

　　根据这六个汇率收益率序列的估计结果（见表6-2及表6-5），我们发现，除了人民币兑美元汇率外，其他汇率收益率序列的记忆性都较强，即具有很强的持续特征。

表6-5　　各汇率收益率序列的 IGARCH（1，1）模型或
ARFIMA（1，d，1）-IGARCH（1，1）模型估计结果

参数	EUR	GBP	CAD	AUD	JPY
Cst（M）	-0.000087 （0.000204）	-0.000111 （0.00017595）	-0.000035 （0.00015640）	-0.000132 （0.00023433）	0.000171 （0.0002685）
d_m	-0.005855 （0.031024）				

续表

参数	EUR	GBP	CAD	AUD	JPY
φ_1	-0.565852^{**}				-0.66297
	(0.18864)				(0.12043)
θ_1	0.519003^{**}				0.696991
	(0.18278)				(0.14548)
$\alpha_0 \times 10^6$	0.031311	0.020354	0.073595	0.175782	0.184979
	(0.035193)	(0.042958)	(0.087691)	(0.16849)	(0.45032)
α_1	0.012291	0.02329	0.052868^{***}	0.050958^{***}	0.033262
	(0.008783)	(0.01189)	(0.014123)	(0.013225)	(0.054552)
β_1	0.987709	0.97671	0.947132	0.949042	0.966738

注：** 表示在 5% 显著性水平下显著，*** 表示结果在 1% 的显著性水平下显著。括号中的数据表示 Z 统计量值。

　　下面以人民币兑日元与人民币兑欧元为例，研究两个汇率收益率序列的波动协同持续性。首先我们将两个收益率序列分别取绝对值，记为 AJPY、AEUR，并借鉴协整检验的思想，对两个序列的波动建立回归模型，得到协同向量，$AJPY = 0.003149 + 0.1932AEUR + u_t$，即确定协同向量为 $(1, -0.1932)'$。然后，我们对 u_t 序列的持续性进行研究，即建立 GARCH（1，1）模型，得到的估计结果如表 6-6 所示。

表 6-6　　　　u_t 序列的 GARCH（1，1）模型估计结果

序列	α	β	$\alpha + \beta$	$1 - \alpha - \beta$
JPY 与 EUR	0.198905 (0.025847)	0.662022 (0.044158)	0.860927	0.139073

注：括号中数据表示 Z 统计量值。

　　由于条件方差中的系数 $\alpha + \beta = 0.860927 < 1$，该变量 GARCH 模型是非持续的。如果将该组合方式进行 10 天、30 天、100 天的投资，则投资结束时条件方差的期望分别为：

$$E_t[h_{t+10}] = (1.71E - 08) + 0.259835h_{t+1}$$

$$E_t[h_{t+30}] = (2.18E - 08) + 0.013002h_{t+1}$$

$$E_t[h_{t+100}] = (2.20675E - 08) + (3.64474E - 07)h_{t+1}$$

由上面的结果可以看到，当投资期为 30 天时，当前波动对投资期末波动的影响就已经很小了；当投资期限为 100 天时，期末的投资波动几乎不受当前波动影响。因此，长期投资者可以不用考虑当前波动。波动的协同持续性使投资组合的条件方差不存在持续影响，从而降低了组合投资的风险不确定性，起到了规避投资风险的作用。下面用同样的方法分析所有汇率序列的各种组合。

我们将所有的收益率序列取绝对值以度量其波动，分别记为 AEUR、AGBP、ACAD、AAUD、AJPY，对五个序列中任意多个变量的序列进行回归，我们首先选取五个序列中的任意 k 个序列进行回归，得到的残差记为 r_{ki}（$k=1$，2，3，4，5，$i=1$，2，…，C_5^k），然后对 r_{ki} 的长记忆性进行检验，对于所有可能的组合，残差个数共为 31（$C_5^1 + C_5^2 + C_5^3 + C_5^4 + C_5^5$）个，我们分别对每个 r_{ki} 建立 GARCH（1，1）模型，确定其长记忆性。

首先，我们给出每个残差的 GARCH（1，1）模型的参数估计值（常数项省略），计算 $\alpha + \beta$ 的值，并可以利用该值与 1 的差值代表序列间的协同持续性，取值越大，说明变量间协同持续性越高，而取值越低，说明变量间的协同持续性越弱。表 6-7 列出了所有组合变量回归后残差值对应的 $\alpha + \beta$ 及 $1-\alpha-\beta$ 所度量的协同持续性。

表 6-7　　两个汇率收益率序列的协同持续性度量

序列	α	β	$\alpha + \beta$	$1-\alpha-\beta$
EUR 与 GBP	0.041092 （-0.013379）	0.883481 （-0.041965）	0.924573	0.075427
AUD 与 EUR	0.0043766 （-0.008429）	0.934605 （-0.012297）	0.978371	0.021629
EUR 与 CAD	0.036014 （-0.009926）	0.948862 （-0.014356）	0.984876	0.015124
JPY 与 EUR	0.198905 （-0.025847）	0.662022 （-0.044158）	0.860927	0.139073
GBP 与 AUD	0.012703 （-0.004828）	0.975566 （-0.008789）	0.988269	0.011731

续表

序列	α	β	$\alpha+\beta$	$1-\alpha-\beta$
GBP 与 CAD	0.04028　（－0.00934）	0.943467　（－0.013117）	0.983747	0.016253
JPY 与 GBP	0.076047　（－0.016716）	0.848366　（－0.035224）	0.924413	0.075587
AUD 与 CAD	0.039049　（－0.009788）	0.927083　（－0.014041）	0.966132	0.033868
AUD 与 JPY	0.038342　（－0.006526）	0.942871　（－0.009395）	0.981213	0.018787
CAD 与 JPY	0.042011　（－0.009776）	0.941859　（－0.012827）	0.98387	0.01613

注：括号中数据表示 Z 统计量值。

由表 6－7 我们可以看到，欧元与日元的协同持续性最强，$1-\alpha-\beta=0.139073$；其次是欧元与英镑、日元与英镑汇率收益率序列，$1-\alpha-\beta$ 值分别为 0.075427 及 0.075587；其他的汇率收益率序列之间协同持续性较弱。同时，结果表明，人民币兑欧元汇率收益率序列与其他汇率收益率序列普遍有较强的协同持续性。这主要与欧元汇率的地位有关，在世界范围内欧元货币的交易量仅次于美元，排名第二，因此其波动也会对其他货币的汇率产生影响。

下面在几个具有协同持续性的序列中加入新的变量，继续研究三个序列的协同持续性，结果如表 6－8 所示。

表 6－8　　　　　三个汇率收益率序列的协同持续性度量

序列	α	β	$\alpha+\beta$	$1-\alpha-\beta$
JPY、EUR 与 GBP	0.096312　（－0.021189）	0.815576　（－0.038592）	0.911888	0.088112
GBP、EUR 与 AUD	0.022373　（－0.007991）	0.963482　（－0.010311）	0.985855	0.014145
EUR、GBP 与 CAD	0.024794　（－0.009237）	0.952636　（－0.023231）	0.97743	0.02257

续表

序列	α	β	$\alpha + \beta$	$1 - \alpha - \beta$
JPY、EUR 与 CAD	0.220309 （-0.028753）	0.708085 （-0.037276）	0.928394	0.071606
AUD、EUR 与 CAD	0.051902 （-0.012805）	0.916475 （-0.017215）	0.968377	0.031623
JPY、EUR 与 AUD	0.257555 （-0.029007）	0.666519 （-0.034248）	0.924074	0.075926

注：括号中数据表示 Z 统计量值。

由表 6-8 我们发现，日元、欧元与英镑之间的协同持续程度最强，$1-\alpha-\beta$ 的值为 0.088112；其次是日元、欧元与澳元以及日元、欧元与加元，$1-\alpha-\beta$ 的值分别为 0.075926 和 0.071606。前面分析发现，日元与欧元之间的协同持续性较强，而加入其他汇率后协同持续性明显降低。我们在此基础上继续加入其他汇率收益率序列。表 6-9 中的第二、第三行给出了四个汇率收益率序列的协同持续性，这两组的协同持续性均较低，分别是 0.03384 和 0.065586，最后一行给出了五个汇率序列以研究综合的协同持续性，结果发现存在较低的协同持续性。

表 6-9　　　四个及五个汇率收益率序列的协同持续性度量

序列	α	β	$\alpha + \beta$	$1 - \alpha - \beta$
JPY、EUR、GBP 与 AUD	0.239225 (0.029572)	0.726935 (0.031505)	0.96616	0.03384
JPY、EUR、GBP 与 CAD	0.163686 (0.028937)	0.770728 (0.037836)	0.934414	0.065586
EUR、GBP、AUD、CAD 与 JPY	0.236079 (0.029639)	0.730959 (0.031901)	0.967038	0.032962

注：括号中数据表示 Z 统计量值。

对于五个波动序列，我们对所有可能的变量组合进行回归，发现：

（1）人民币兑美元汇率的收益率序列存在双重长期记忆特征。

但是，其波动持续性低于其他汇率收益率序列的持续性。

（2）通过检验发现，人民币兑欧元、英镑、澳元、加元及日元汇率收益率序列均存在双重长期记忆特征，需要用 IGARCH 模型刻画其波动特征，因为每种汇率都是通过人民币兑美元汇率套算的，每个汇率的波动持续性不但受到货币自身与美元之间的持续性的影响，还受到人民币兑美元汇率持续性的影响，因此各个汇率序列的持续性均强于人民币兑美元汇率的持续性。

（3）日元与欧元具有较强的协同持续性，因为中国对日本来说是出口大国，我国的产品也大量销往欧盟国家，所以，人民币兑日元与人民币兑欧元汇率波动都受到我国经济政策的影响，会表现出相似的波动特征。日元汇率与英镑汇率、欧元汇率与英镑汇率也具有协同持续特征，只是协同持续程度相对较弱。

（4）三个汇率的协同持续特征为日元汇率、欧元汇率及英镑汇率具有协同持续特征，但是协同持续性高于日元汇率与英镑汇率、欧元汇率与英镑汇率的协同持续性，低于日元汇率与欧元汇率的协同持续性。

（5）日元、欧元、英镑及加元汇率存在协同持续性，但是协同持续程度较低。

（6）日元、欧元、英镑、加元及澳元五个汇率序列的协同持续性也较低。

人民币兑日元汇率与人民币兑欧元汇率的波动协同持续性最大，是因为欧盟和日本是我国的两大贸易伙伴。又因为欧盟是主要出口对象，日本是主要进口国，所以汇率波动对它们与中国的贸易的影响正好相反，同时对欧元及日元投资将降低投资风险。

第五节　本章小结

本章创新地对多个人民币汇率市场的协同持续特征进行了定量分析。度量单个汇率市场波动持续性的模型主要是 FIGARCH 模型。

本章利用 HYGARCH 模型对人民币兑美元汇率进行了实证分析，发现人民币兑美元汇率存在着双重长期记忆效应。人民币兑其他货币汇率，如人民币兑欧元、英镑等货币汇率收益率序列的持续性较强，使用 IGARCH 模型度量序列的持续性较为合适。在此基础上，对多个汇率序列的波动协同持续特征进行了研究。在研究多个汇率市场协同持续特征时，将人民币兑美元汇率序列去掉，有两个主要原因：（1）人民币兑欧元、英镑、日元等的汇率是通过人民币兑美元汇率套算得到的，人民币兑美元汇率必定对其他汇率影响较大，无法客观得出各序列之间的协同持续特征；（2）人民币兑美元汇率的波动持续性比其他汇率弱，适合用 FIGARCH 模型刻画，而其他汇率序列的持续性强于人民币兑美元汇率的持续性。在此基础上，借鉴协整的思想，刻画人民币兑欧元、英镑、日元等非美元货币汇率的协同持续性，实证分析结果表明，日元汇率与欧元汇率具有较强的协同持续性，因为中国对日本来说是出口大国，我国的产品也大量销往欧盟国家，所以人民币兑日元与人民币兑欧元汇率波动都受到我国经济政策的影响，会表现出相似的波动特征。日元汇率与英镑汇率、欧元汇率与英镑汇率也具有协同持续特征，只是协同持续程度相对较弱。

第七章　总结与展望

　　基于均衡汇率决定理论的背景和国内外学者针对汇率波动问题的相关研究现状的梳理，本书对人民币汇率的波动传导机制、波动特征、多个汇率市场的波动溢出及协同波动溢出、多个汇率市场的波动持续及协同持续特征进行了深入的研究，得到如下结论。

　　首先，本书对均衡汇率决定理论进行了系统的梳理，主要介绍了购买力平价（PPP）理论、基于宏观经济均衡方法的均衡汇率理论、基本要素均衡汇率（FEER）理论、行为均衡汇率（BEER）理论、自然均衡汇率（NATREX）理论、持久均衡汇率（PEER）理论、国际收支均衡汇率（BPEER）理论及资本增强型均衡汇率（CHEER）理论。虽然均衡汇率决定理论很多，但是学术界仍不能给出统一的计算均衡汇率的方法，更没有提供具有说服力的"均衡汇率"，这样就会导致不同的学者得出的均衡汇率是不同的。将这样计算得到的均衡汇率作为标准，分析汇率是被高估还是低估是不合理的，缺乏严谨的理论支持。所以，我们只是介绍了各种均衡汇率模型，而没有在后续的研究中计算均衡汇率。希望将来发展一种被学术界及国民普遍认可的方法，能精确地度量出均衡汇率的水平，这样就可以以这样的均衡汇率为参照，进一步研究汇率偏离均衡值的各种问题。

　　其次，本书对汇率波动的传导机制进行了研究，主要包括汇率波动对价格、国际贸易、外国直接投资、就业、利率等的影响。汇率对价格的传导主要体现在对进口商品价格的影响上。这种价格传导包括直接传导效应和间接传导效应两个阶段，并且汇率的价格传导往往是不完全的。汇率对贸易的影响主要包括：（1）通过价格机制影响国际竞争力；（2）汇率波动风险将影响国际上的投资决策，从而影响贸易。汇率波动对贸易的影响又分为直接影响和间接影响。关于汇率风险对贸易的影响有正反两种观点：（1）风险增加导致获利的不确定性增加，从而减少了贸易；（2）根据期权定价理论，风险越大，收益越大。汇率波动对 FDI 的传导效应主要有"相对生产成本效应"和"相对财富效应"。汇率波动对就业的影响主要体现在两个方面：（1）对就业率有一定的影响；（2）波动会引起工资的变动。关于人民币汇率波动对就业的影响，普遍的观点是，对于不同的行业，汇率升值有不同的影响。关于汇率与利率的关系研究很多，但是两者究竟是正相关还是负相关，仍没有统一的定论。

人民币汇率通过对价格、贸易及利率等的传导，最终将对宏观经济变量产生一定的影响，同时汇率也会受到中外宏观经济变量的影响。本书通过对人民币兑美元汇率与中美宏观经济变量之间关系的研究，发现：（1）在汇率改革初期，人民币汇率主要受到中美产出缺口及中美利率差的影响；（2）国际金融危机波及中国，对国内的经济产生了一定的影响；（3）金融危机后我国重启汇率形成机制改革，影响汇率的因素增加，所有引入模型的宏观经济变量对汇率均产生影响，世界与中国的经济环境都发生了较大的变化，且外汇市场的发展更加成熟，与外部市场联系更大。

再次，本书在对多元 GARCH 模型深入研究的基础上，将基于正态分布的多元 GARCH 模型推广到多元 GED - GARCH 模型，以刻画收益率序列的尖峰厚尾特征。汇率的波动具有尖峰厚尾、波动集聚性、长记忆性和持续性、杠杆效应及波动溢出效应等特征。刻画波动特征的模型有很多，如 GARCH 模型、SV 模型、STAR 模型、ANN 模型、区制转移模型。本书以二元 GED - GARCH 模型为例，研究了汇率与利率之间的波动溢出效应，得到的主要结论是：在金融危机发生之前，利率和汇率之间只存在汇率到利率的波动溢出效应，而在金融危机发生后利率和汇率之间存在双向的波动溢出效应。产生该结论的主要原因是：（1）金融危机前汇率改革释放了汇改前积累的升值压力，这体现在其对利率的波动溢出上；（2）金融危机之后，美国的次贷危机通过汇率市场的传导对中国产生了影响，政府为了控制房价，几次上调利率，所以表现出了汇率对利率的溢出效应，同时利率市场和汇率市场也逐渐成熟，利率平价理论也逐步适用于中国的国情，并从一定程度上说明了利率市场对汇率市场的波动传导作用，即利率对汇率存在着波动溢出效应。

又次，本书创新地对多个汇率市场的协同波动溢出效应进行了研究。首先运用 VMEM 模型刻画了中日韩三国汇率市场之间的波动溢出效应，实证结果表明：日元汇率与人民币汇率波动相关性较强，虽然实际中日元汇率总体呈现贬值趋势，而人民币汇率总体呈现升值趋势，但是二者的波动特征相似，人民币与日元的实际有效汇率既受到自身过去波动、收益率的影响，也存在来自其他两国汇率的波动溢出现象，而且人民币和日元汇率波动均存在显著的杠杆效应。对于韩元来说，汇率波动受前期波动与收益率的影响，但是不具有杠杆效应，同时只具有来自日元汇率的波动溢出效应，而不存在来自人民币的波动溢出效应。本书通过在 GARCH 模型中引入独立成分，刻画了多个人民币汇率市场之间的协同波动溢出效应，实证分析结果表明，其他汇率市场的波动不会对美元汇率市场产生显著的影响。在低波动范围内，只有日元汇率对港元汇率存在波动溢出效应。同时，美元汇率对港元汇率的波动具有溢出效应。英镑、欧元及美元三个汇率波动作为整体考虑时不能体现出对港元汇率的波动溢出效应，所以可以利用美元、欧元及英镑汇率的投资规避港元汇率的高波动风险。其他汇率市场对日元汇率没有波动溢出效应，主要是因为近年来日本经济出现了很大的危机，导致日元大幅下跌，所以日元汇率的波动主要受其自身的经济状况影响，而其他汇率市场对其影响较小。美元汇率在波动适中时会对欧元汇率产生溢出效应，日元汇率与美元汇率差在波动较小时，会对欧元汇率产生协同波动溢出效应，当美元、港元和英镑汇率出现协同高波动时，将对欧元汇率产生协同波动溢出效应，日元汇率对欧元汇率没有直接的波动溢出效应，而是通过美元汇率间接对欧元汇率产生波动溢出效应。日元汇率、美元汇率均对英镑汇率有波动溢出效应；同时，美元、港元和欧元的汇率也对英镑汇率产生协同波动溢出效应，港元汇率对英镑汇率没有直接波动溢出效应，而是通过美元、欧元汇率间接对英镑汇率产生波动溢出效应。

最后，本书创新性地对多个人民币汇率市场的协同持续特征进行了定量分析。度量单个汇率市场波动持续性的模型主要是 FI-GARCH 模型，如 A - FIGARCH、HYGARCH、ST - FIGARCH、ASYMM - FIFGARCH。本书利用 HYGARCH 模型对人民币兑美元汇率进行了实证分析，发现人民币兑美元汇率存在着双重长期记忆效应，此外还使用 IGARCH 模型度量人民币兑欧元、英镑等货币汇率的持续特征。在此基础上，对多个汇率序列的波动协同持续特征进行了研究。因为人民币兑欧元、英镑、日元等的汇率是通过人民币兑美元汇率套算得到的，人民币兑美元汇率必定对其他汇率影响较大，这样就无法客观得出各序列之间的协同持续特征；同时，人民币兑美元汇率的波动持续特征同其他汇率序列的持续特征有显著差异，不宜同时处理，所以考虑将人民币兑美元的汇率去掉。在此基础上，借鉴协整的思想对人民币兑欧元、英镑、日元等非美元货币汇率的协同持续性进行刻画，实证分析结果表明，日元汇率与欧元汇率具有较强的协同持续性，因为中国对日本来说是出口大国，我国的产品也大量销往欧盟国家，所以人民币兑日元与人民币兑欧元汇率波动都受到我国经济政策的影响，会表现出相似的波动特征。日元汇率与英镑汇率、欧元汇率与英镑汇率也具有协同持续特征，只是协同持续程度相对较弱。

关于本书的后续研究，笔者有三点展望：

（1）关于 GARCH 模型的研究，未来将主要集中在对非参数和半参数的估计方法的改进上，要寻找更加有效的估计方法。

（2）MEM 模型有很多的扩展形式，我们将对其扩展形式进行深入研究，并给出其相应的估计和预测方法，并深入分析其在汇率波动特征刻画方面的适用性。

（3）关于汇率协同波动溢出效应的研究，今后将主要放在汇率市场波动溢出效应的非参数度量方法的研究上，并对汇率波动溢出效应的强度和复杂性进行深入的分析。

参考文献

中文参考文献

安烨、张国兵：《人民币对"一篮子货币"汇率的波动——非线性Fourier 函数分析》，《国际金融研究》2012 年第 2 期。

卜永祥：《人民币汇率变动对国内物价的影响》，《金融研究》2001年第 3 期。

陈平、李凯：《"适应性学习"下人民币汇率的货币模型》，《经济评论》2010 年第 3 期。

陈学信：《国际购买力平价和简化净出口函数：中国实证》，《财经研究》2011 年第 9 期。

陈守东：《金融资产波动模型与风险度量》，经济科学出版社 2007年版。

陈守东、高艳：《二元 GED – GARCH 模型的利率与汇率波动溢出效应研究》，《管理学报》2012 年第 7 期。

曹伟、周俊仰、罗浩：《汇率变动与就业关系研究——来自中国的经验证据》，《货币银行》2011 年第 7 期。

曹伟、申宇：《人民币汇率传递、行业进口价格与通货膨胀：1996—2011》，《金融研究》2013 年第 10 期。

曹刚：《基于 MEM 模型的我国股指期货市场波动率研究》，博士学位论文，天津大学，2012 年。

鄂永健、丁剑平：《实际汇率与就业——基于内生劳动力供给的跨时期均衡分析》，《财经研究》2006 年第 4 期。

封福育：《人民币汇率波动对出口贸易的不对称影响——基于门限回归模型经验分析》，《世界经济文汇》2010 年第 2 期。

范言慧、宋旺：《实际汇率对就业的影响：对中国制造业总体的经验分析》，《世界经济》2005 年第 4 期。

冯霞：《开放经济条件下我国利率汇率联动风险机制研究》，博士学位论文，上海交通大学，2007 年。

郭武、朱长仁、王润生：《一种改进的 Fast ICA 算法及其应用》，《计算机应用》2008 年第 4 期。

［美］赫伯特·西蒙：《现代决策理论的基石：有限理性说》，杨烁、徐立译，北京经济学院出版社 1989 年版。

惠晓峰、柳鸿生、胡伟、何丹青：《基于时间序列 GARCH 模型的人民币汇率预测》，《金融研究》2003 年第 5 期。

胡小文、章上峰：《利率市场化和汇率市场化孰先孰后——基于小型开放 DSGE 框架的研究》，《南方经济》2015 年第 9 期。

侯书生：《汇率战争》，石油工业出版社 2011 年版。

江涛、覃琼霞：《有限理性下的个体决策：一种分析框架》，《南方经济》2007 年第 12 期。

姜波克、李怀定：《理论文献评述》，《当代财经》2006 年第 2 期。

蒋志平：《人民币利率与汇率的动态相关关系：基于 DCC 模型的研究》，《软科学》2007 年第 3 期。

金雪军、钟意：《汇率波动影响金融稳定的传导机制研究》，《浙江大学学报》（人文社会科学版）2013 年第 2 期。

李泽广、［加］Man‐Wah Luke Chan：《基本面因素与人民币均衡汇率》，《统计研究》2012 年第 5 期。

李富有、罗莹：《人民币汇率传递的物价效应分析——基于引入虚拟变量的 ARDL 模型的实证研究》，《国际金融研究》2013 年第 2 期。

林筱文、宋保庆、李伟、徐丽：《人民币实际有效汇率水平对我国就业的影响——基于 VAR 模拟的实证分析》，《经济前沿》2009 年第 11 期。

李广众、Lan P. Voon：《实际汇率错位、汇率波动性及其对制造业出口贸易影响的实证分析：1978—1998 年平行数据研究》，《管理世界》2004 年第 11 期。

吕亚芹、何晓群、汤果:《FIGARCH 模型的参数估计与检验》,《统计研究》2009 年增刊。

刘英:《汇率传递与人民币汇率制度选择》,博士学位论文,西南财经大学,2006 年。

刘柏、赵振全:《基于 STAR 模型的中国实际汇率非线性态势预测》,《数量经济技术经济研究》2008 年第 6 期。

马国轩、于润:《人民币均衡汇率波动的影响因素分析》,《经济科学》2013 年第 5 期。

乔桂明、杨海林:《论汇率不完全传递对经济的影响》,《苏州大学学报》(哲学社会科学版)2010 年第 4 期。

邵冰、杜征征:《中亚国家汇率波动对中国与其经贸关系的影响研究》,《中央财经大学学报》2011 年第 9 期。

孙刚:《汇率二重性与当代汇率决定模型》,《财经问题研究》2011 年第 8 期。

沙文兵:《人民币实际有效汇率水平与波动对就业的影响——基于东部地区面板数据的实证分析》,《国际金融》2007 年第 4 期。

申敏:《分形金融市场中的波动持续与协同持续研究》,硕士学位论文,东南大学,2005 年。

孙国峰、孙碧波:《人民币均衡汇率测算:基于模型的实证研究》,《金融研究》2013 年第 8 期。

隋建利、刘金全、闫超:《现行汇率机制下人民币汇率收益率及波动率中有双长期记忆性吗?》,《国际金融研究》2013 年第 11 期。

陶亚民、蔡明超、杨朝军:《上海股票市场收益率分布特性的研究》,《预测》1999 年第 2 期。

袁艺、茅宁:《从经济理性到有限理性:经济学研究理性假设的演变》,《经济学家》2007 年第 2 期。

薛宏立:《浅析利率平价模型在中国的演变》,《财经研究》2002 年第 2 期。

万解秋、徐涛:《汇率调整对中国就业的影响——基于理论与经验的研究》，《经济研究》2004 年第 2 期。

王明进：《高维波动率的预测》，《数量经济技术经济研究》2008 年第 11 期。

王昭伟：《外汇市场的协同波动与联合干预》，《国际金融研究》2011 年第 6 期。

王俊、孔令夷：《非线性时间序列分析 STAR 模型及其在经济学中的应用》，《数量经济技术经济研究》2006 年第 1 期。

王璐：《汇率均值回复的非线性 STAR 模型》，《统计与信息论坛》2007 年第 4 期。

汪丁丁、叶航：《理性的追问：关于经济学理性主义的对话》，广西师范大学出版社 2003 年版。

吴骏：《升值将是人民币的长期趋势》，《数量经济技术经济研究》2001 年第 8 期。

吴骏：《动态购买力平价理论与检验》，《数量经济技术经济研究》2005 年第 3 期。

王春峰：《金融市场风险管理》，天津大学出版社 2001 年版。

王立丰、吕德宏：《人民币均衡汇率及错位程度测算——基于 BEER 模型的实证研究》，《金融经济》2011 年第 4 期。

王维国、黄万阳：《人民币均衡实际汇率研究》，《数量经济技术经济研究》2005 年第 7 期。

王胜、田涛：《人民币汇率对 CPI 传递效应分析——基于均值与波动溢出层面的视角》，《国际金融研究》2015 年第 4 期。

谢赤、戴克维、刘潭秋：《基于 STAR 模型的人民币实际汇率行为的描述》，《金融研究》2005 年第 5 期。

谢赤、刘潭秋：《人民币实际汇率中的马尔可夫转换行为》，《统计研究》2003 年第 9 期。

盈帅、毕雪晴：《外商直接投资对区域就业影响的实证分析——以山东省为例》，《首都经济贸易大学学报》2007 年第 5 期。

易纲：《外汇管理改革：一项重要而紧迫的任务》，http：//www.qs-theory.cn/zxdk/2014/201401/201312/t20131230_307453.htm。

尹亚红、何泽荣：《基于货币替代的汇率决定模型及实证分析》，《国际金融研究》2007 年第 4 期。

袁曾仁：《人工神经元网络及其应用》，清华大学出版社 1999 年版。

赵华：《人民币汇率与利率之间的价格和波动溢出效应》，《金融研究》2007 年第 3 期。

朱鲶华：《人民币汇率问题研究》，人民出版社 2007 年版。

赵天荣、李成：《人民币汇率与利率之间的动态关系——基于 VAR – GARCH 模型的实证研究》，《统计研究》2010 年第 21 期。

张晓朴：《购买力平价思想的最新演变及其在人民币汇率中的应用》，《世界经济》2000 年第 9 期。

张瑞锋：《金融市场波动溢出研究》，中国社会科学出版社 2008 年版。

张瑞锋：《金融市场协同波动溢出分析及实证研究》，《数量经济技术经济研究》2006 年第 10 期。

张瑞锋：《多个金融市场对单个金融市场的共同波动溢出》，《统计与决策》2007 年第 1 期。

张世英、李汉东、樊智：《金融风险的持续性及其规避策略》，《系统工程理论与实践》2002 年第 5 期。

赵西亮、赵景文：《人民币均衡汇率分析：BEER 方法》，《数量经济技术经济研究》2006 年第 12 期。

张海波、陈红：《不同阶段人民币汇率的价格传导机制分析》，《统计研究》2011 年第 9 期。

张萍：《利率平价理论及其在中国的表现》，《经济研究》1996 年第 10 期。

张斌：《人民币均衡汇率：简约一般均衡下的单方程模型研究》，《世界经济》2003 年第 11 期。

英文参考文献

Hyvärinen, E. Oja, "Independent Component Analysis：Algorithms and Applications", *Neural Networks*, No. 13, 2000, pp. 411 – 430.

Hyvärinen, A., "Fast and Robust Fixed – Point, Algorithms for Independent Component Analysis", *Ieee Transactions on Neural Networks*, Vol. 10, No. 3, 1999, pp. 626 – 624.

Markiewicz, Agnieszka, "Model Uncertainty and Exchange Rate", *International Economic Review*, Vol. 53, No. 3, 2012, pp. 815 – 843.

Antonakakis, N., Darbg, J., "Forecasting Volatility in Developing Countries Nominal Excharge Rate", *Applied Financial Economics*, Vol. 23, No. 21, 2013, pp. 1675 – 1691.

Artus, J., "Methods of Assessing the Long – Run Equilibrium Value of an Exchange Rate", *Journal of International Economics*, No. 8, 1978, pp. 277 – 299.

Belke, Ansgar and Kaas, Leo, "The Impact of Exchange Rate Volatility on Labor Markets: Europe versus United States", Discussion Paper 201, Institut für Volkswirtschaftslehre, 2002.

Baillie, R. and Bollerslev, T., "Cointegration, Fractional Cointegration, and Exchange Rate Dynamics", *Journal of Finance*, Vol. 49, No. 2, 1994, pp. 737 – 745.

Baillie, R. T., Bollerslvev, T. and Mikkelsen, H. O., "Fractionally Integrated Generalized Autoregressive Conditional Heteroskedasticity", *Journal of Econometrics*, No. 74, 1996, pp. 3 – 30.

Baillie, R. T., Han, Y. W., Myers, R. J. and Song, J., "Long Memory Models for Daily and High Frequency Commodity Futures Returns", *The Journal of Futures Markets*, No. 27, 2007, pp. 643 – 668.

Égert, Balázs, Halpern, László and MacDonald, Ronald, "Equilibrium Exchange Rates in Transition Economies: Taking Stock of the Issues", *Journal of Economic Surveys*, Vol. 20, No. 2, 2006, pp. 257 – 324.

Baffes, J., Elbadawi, I. A. and O'Connell, S. A., "Single – Equation Estimation of the Equilibrium Real Exchange Rate", World Bank Policy Research Working Paper No. 1800, 1997.

Hinkle, L. E. , Montiel, P. J. , "Exchange Rate Misalignment: Concepts and Measurement for Developing Countries", *Oup Catalogue*, Vol. 57, No. 1, 2010, pp. 257 – 260.

Barndorff – Nielsen, O. E. , "Normal Inverse Gaussian Distributions and Stochastic Volatility Modeling Scandinavian", *Journal of Statistics*, No. 24, 1997, pp. 1 – 13.

Barrell, R. and Wren – Lewis, S. , "Fundamental Equilibrium Exchange Rates for the G7", CEPR Discussion Paper, No. 323, 1989.

Benigno, G. and Thoenissen, C. , "Equilibrium Exchange Rates and Supply – Side Performance", *Economic Journal*, Vol. 113, No. 486, 2003, pp. 103 – 124.

Berg, L. and Lyhagen, J. , "Short and Long – Run Dependence in Swedish Stock Returns", *Applied Financial Economics*, No. 8, 1998, pp. 435 – 443.

Balassa, B. , "The Purchasing Power Parity Doctrine: A Reappraisal", *Journal of Political Economy*, No. 72, 1964, pp. 584 – 596.

Bollerslev, T. and Engel, R. F. , "Common Persistence in Conditional Variances", *Econometrica*, Vol. 61, No. 1, 1993, pp. 167 – 186.

Bollerslev, T. , "Generalized Autoregressive Conditional Heteroscedasticity", *Journal of Econometrics*, No. 31, 1986, pp. 307 – 327.

Bollerslev, T. and Mikkelsen, H. O. , "Modeling and Pricing Long Memory in Stock Market Volatility", *Journal of Econometrics*, Vol. 73, No. 1, 1996, pp. 151 – 184.

Brunetti, C. and Gilbert, C. L. , "Bivariate FIGARCH and Fractional Cointegration", *Journal of Empirical Finance*, No. 7, 2000, pp. 509 – 530.

Bulir, A. and Smidkova, K. , "Exchange Rates in the New EU Accession Countries: What Have We Learned from the Forerunners?", *Economic Systems*, Vol. 29, No. 2, pp. 163 – 186.

Branson, William H. and James P. Love, "Dollar Appreciation and Manufacturing Employment and Output", NBER Working Paper, No. 1972, July 1986.

Branson, William H. and James P. Love, "U. S. Manufacturing and the Real Exchange Rate", Paper Presented at NBER Conference on Misalignment of Exchange Rates, April 1987.

Burgess, S. and Knetter, M., "An International Comparison of Employment Adjustment to Exchange Rate Fluctuation", *Review of International Economics*, Vol. 6, No. 1, 1998, pp. 151 – 163.

Belke, A. and Gros, D., "Designing US – EU Monetary Relations: The Impact of Exchange Rate Variability on Labor Markets on Both Sides of the Atlantic", *The World Economy*, Vol. 25, No. 6, 2002, pp. 789 – 813.

Alexander, Carol, "Common Volatility in the Foreign Exchange Market", *Applied Financial Economics*, No. 5, 1995, pp. 1 – 10.

Carceles – Poveda, E. and Giannitsarou, C., "Asset Pricing with Adaptive Learning", *Review of Economic Dynamics*, Vol. 11, No. 3, 2008, pp. 629 – 651.

Cassel, G., "The Present Situation of the Foreign Exchanges", *Economic Journal*, Vol. 26, No. 101, 1916, pp. 62 – 65.

Cassel, G., "Abnormal Deviations in International Exchanges", *Economic Journal*, Vol. 28, No. 112, 1918, pp. 413 – 415.

Christiansen, Charlotte, "Volatility – Spillover Effects in European Bond Markets", *European Financial Management*, Vol. 13, No. 5, 2007, pp. 923 – 948.

Chou, W. L. and Shih, Y. C., "The Equilibrium Exchange Rate of the Chinese Renminbi", *Journal of Comparative Economics*, Vol. 26, No. 1, 1998, pp. 165 – 174.

Cushman, D. O., "Exchange Rate Uncertainty and Foreign Direct Investment in the United States", *Review of World Economics*, Vol. 124, 1988, pp. 322 – 336.

Froot, K. and Stein, J. , "Exchange Rates and Foreign Direct Investment: An Imperfect Capital Markets Approach", *Quarterly Journal of Economics* , Vol. 106, No. 4, 1991, pp. 1191 – 1217.

Clark, P. and MacDonald, R. , "Exchange Rates and Economic Fundamentals: A Methodological Comparison of Beers and Feers", IMF Working Paper WP/98/67, 1998.

Clark, P. and MacDonald, R. , "Filtering the BEER: A Permanent and Transitory Decomposition", IMF Working Paper, No. 144, 2000.

Corsetti, G. and Dedola, L. , "Macroeconomics of International Price Discrimination", Mimeo, 2004.

Cumby, R. and Huizinga, J. , "The Predictability of Real Exchange Rate Changes in the Short Run and in the Long Run", *Japan and the World Economy*, No. 3, 1990, pp. 17 – 38.

Clarida, R. and Gali, J. , "Sources of Real Exchange Rate Fluctuations: How Important are Nominal Shocks?", *Carnegie – Rochester Series on Public Policy*, No. 41, 1994, pp. 1 – 56.

Campa, J. M. and Goldberg, L. S. , "Exchange Rate Pass – Through into Import Price: Macro or Micro Phenomenon?", NBER Working Paper, w8934, May 2002.

Cline, William R. , "Estimating Consistent Fundamental Equilibrium Exchange Rates", Peterson Institute for International Economics, Working Paper 08 – 6, July 2008.

Dixit, A. K. and Stiglitz, J. , "Monopolistic Competition and Optimum Product Diversity", *The American Economic Review*, Vol. 67, No. 3, 1977, pp. 297 – 308.

Detken, C. , Dieppe, A. , Henry, J. , Marin, C. and Smets, F. , "Model Uncertainty and the Equilibrium Value of the Real Effective Euro Exchange Rate", ECB Working Paper, No. 160, 2002.

Driver, R. and Wren – Lewis, S. , "Feers: A Sensitivity Analysis", in MacDonald, R. and Stein, J. , eds. , *Equilibrium Exchange Rate*,

Springer, 1999.

Engel, R. F. , "Autoregressive Conditional Heteroscedasticity with Esti-mates of the Variance of United Kingdom Inflation", *Econometrica*, Ju-ly 1982, pp. 987 – 100.

Engel, R. E. and Kroner, K. F. , "Multivariate Simultaneous General-ized ARCH", *Econometric Theory*, No. 11, 1995, pp. 122 – 150.

Engel, C. and Hamilton, J. D. , "Long Swings in the Dollar: Are They in the Data and Do Markets Know It?", NBER Working Paper, No. 3165, November 1989.

Engle, R. F. and Kozicki, S. , "Testing for Common Features", *Journal of Business Economics and Statistics*, Vol. 11, No. 4, 1993, pp. 369 – 395.

Evans, G. W. and Honkapohja, S. , *Learning and Expectations in Mac-roeconomics*, Princton: Princeton University Press, 2001.

Evans, G. W. and Branch, W. , "Asset Return Dynamics and Learn-ing", *Review of Financial Studies*, Vol. 23, No. 4, 2010, pp. 1651 – 1680.

Engle, R. F. and Bollerslev, T. , "Modeling the Persistence of Condi-tional Variances", *Econometric Reviews*, No. 5, 1986, pp. 1 – 50.

Edwards, S. , "Real Exchange Rate in the Developing Countries: Con-cept and Measurement", NBER Working Paper, No. 2950, 1989.

Engel, R. E. and Kroner, K. F. , "Multivariate Simultaneous Generalized ARCH", *Econometric Theory*, No. 11, 1995, pp. 122 – 150.

Faruqee, H. , "Long – Run Determinants of the Real Exchange Rate: A Stock – Flow Perspective", IMF Staff Papers, Palgrave Macmillan, Vol . 42, No. 1, 1995, pp. 80 – 107.

Flood, R. and Rose, A. , "Fixing Exchange Rates: A Virtual Quest for Fundamentals", *Journal of Monetary Economics*, Vol. 36, No. 1, 1995, pp. 3 – 37.

Fan, Jianqing, Fan, Yingying and Lv, Jinchi, "Aggregation of Non –

Parametric Estimators for Volatility Matrix", *Journal of Financial Econometrics*, Vol. 5, No. 3, 2007, pp. 321 – 357.

Firat, Demir, "Exchange Rate Volatility and Employment Growth in Developing Countries: Evidence from Turkey", *World Development*, Vol. 38, No. 8, 2010, pp. 1127 – 1140.

Frenkel, Jacob A. and Mussa, Michael L., "The Efficiency of Foreign Exchange Markets and Measures of Turbulence", *The American Economic Review*, Vol. 70, No. 2, 1980, pp. 374 – 381.

Frankel, J. A. and Rose, A. K., "A Panel Project on Purchasing Power Parity: Mean Reversion within and between Countries", NBER Working Paper, No. 5006, 1995.

Calvo, Guillermo A. and Reinhart, Carmen M., "Fixing for Your Life", NBER Working Paper, No. 8006, November 2000.

Giller, Graham L., "A Generalized Error Distribution", *Investments Research Note*, 20031222/1, August 16, 2005.

Gerlach, S., "World Business Cycles under Fixed and Flexible Exchange Rates", *Journal of Money, Credit and Banking*, Vol. 20, No. 4, 1988, pp. 621 – 632.

Gonzalo, J. and Granger, C. W. J., "Estimation of Common Long – Memory Components in Cointegrated Systems", *Journal of Business & Economic Statistics*, Vol. 13, No. 1, 1995, pp. 27 – 36.

Giovannini, A., "Exchange Rates and Traded Goods Prices", *Journal of International Economics*, Vol. 24, No. 1, 1988, pp. 45 – 68.

Goldberg, L., Tracy, J. and Aaronson, S., "Exchange Rates and Employment Instability: Evidence from Matched CPS Data", *American Economic Review*, Vol. 89, No. 2, 1999, pp. 204 – 210.

Hansen, L. and Sargent, T., "Acknowledging Misspecification in Macroeconomic Theory", *Review of Economic Dynamics*, Vol. 4, No. 3, 2001, pp. 519 – 535.

Hamilton, James, *Time Series Analysis*, Princeton: Princeton University

Press, 1994.

Hwang, Y. , "Asymmetric Long Memory GARCH in Exchange Return", *Econometric Letters*, No. 73, 2001, pp. 1 – 5.

Huizinga, J. , "An Empirical Investigation of the Long – Run Behaviour of Real Exchange Rates", *Carnegie – Rochester Series on Public Policy*, No. 27, 1987, pp. 149 – 214.

Harvey, A. C. and Shephard, Neil, "Estimation of an Asymmetric Stochastic Volatility Model for Asset Returns", *Journal of Business & Economic Statistics*, No. 14, 1996, pp. 429 – 434.

Harvey, Andrew and Streibel, Mariane, "Testing for a Slowly Changing Level with Special Reference to Stochastic Volatility", *Journal of Econometrics*, No. 87, 1998, pp. 167 – 189.

Hooper, Peter and Kohlhagen, Seeven W. , "The Effect of Exchange Rate Uncertainty on the Prices and Volume of International Trade", *Journal of International Economics*, No. 8, November 1978, pp. 483 – 511.

Isard, P. , Faruquee, H. , Kincaid, G. R. and Fetherston, M. , "Methodology for Current Account and Exchange Rate Assessments", IMF Occasional Papers, No. 209, 2001.

Juselius, K. and MacDonald, R. , "International Parity Relationships between Germany and the United States: A Joint Modelling Aproach", Working Paper, Department of Economics, University of Copenhagen, 2000.

Taylor, John B. , "Low Inflation, Pass – Through and the Pricing Power of Firms", *European Economic Review*, Vol. 44, No. 7, 2000, pp. 1389 – 1408.

Dayhoff, Judith E. and DeLeo, James M. , "Artificial Neural Networks", Paper Deliveed to Conference on Prognostic Factors and Staging in Cancer Management: Contributions of Artificial Neural Networks and Other Statistical Methods, 2001.

Kim, Y. S. , "Exchange Rate and Fundamentals under Adaptive Learning", *Journal of Economic Dynamics and Control*, Vol 33, No. 4, 2009, pp. 843 – 863.

Rogoff, Kenneth, "The Purchasing Power Parity Puzzle", *Journal of Economic Literature*, Vol. 34, No. 3, 1996, pp. 647 – 668.

Klein, M. W. , Schuh, S. and Triest, R. , "Job Creation, Job Destruction and the Real Exchange Rate", *Journal of International Economics*, Vol. 59, No. 2, 2003, pp. 239 – 265.

Kilic, R. , "Long Memory and Nonlinearity in Conditional Variances: A Smooth Transition FIGARCH Model", *Journal of Empirical Finance*, Vol. 18, No. 2, 2011, pp. 368 – 378.

Keynes, J. M. , "The Future of the Foreign Exchange", *Lloyds Bank Limited Monthly Review*, No. 6, Oct. 1935, pp. 527 – 535.

Arndt, S. W. and Richardson, J. D. , eds. , *Real – Financial Linkages among Open Economies*, Cambridge: MIT Press, 1987.

Li, C. S. and Xiao, Q. X. , "Structural Break in Persistence of European Stock Market: Evidence from Panel GARCH Model", *International Journal of Intelligent Information Processing*, No. 2, 2011, pp. 40 – 48.

Laurent, S. and Peters, J. P. , "G@ RCH 2. 2: An Ox Package for Estimating and Forecasting Various ARCH Models", *Journal of Economic Surveys*, Vol. 16, No. 3, 2002, pp. 447 – 484.

MacDonald, R. , "What Determines Real Exchange Rates? The Long and Short of It", *Journal of International Financial Markets, Institutions and Money*, Vol. 8, No. 2, 1998a, pp. 117 – 153.

MacDonald, R. , "What Do We Really Know about Real Exchange Rates?", Oesterreichische Nationalbank Working Paper, No. 28, 1998b.

Mukherjee, I. , Sen, C. and Sarkar, A. , "Long Memory in Stock Returns: Insights from the Indian Market", *The International Journal of*

Applied Economics and Finance, No. 5, 2011, pp. 62 – 74.

Melvin, M. and Zhou, S. , "Do Centrally Planned Exchange Rates Behave Differently from Capitalist Rates?", *Journal of Comparative Economics*, Vol. 13, No. 2, 1989, pp. 325 – 334 .

McKinnon, Ronald I. , "The International Dollar Standard and the Sustainability of the U. S. Current Account Deficit", *Brookings Papers on Economic Activity*, No. 1, 2001, pp. 227 – 239.

MacDonald, R. and Swagel, P. , "Business Cycle Influences on Exchange Rates: Survey and Evidence", *World Economic Outlook* 2000: *Supporting Studies*, 2001.

MacDonald, R. , *Exchange Rate Economics: Theories and Evidence*, Taylor and Francis, 2005.

Mussa, M. , "Nominal Exchange Rate Regimes and the Behavior of Real Exchange Rates: Evidence and Implications", *Carnegie – Rochester Conference Series on Public Policy*, No. 25, 1986, pp. 117 – 214.

Tayefi, Maryam and Ramanathan, T. V. , "An Overview of FIGARCH and Related Time Series Models", *Austrian Journal of Statistics*, Vol. 41, No. 3, 2012, pp. 175 – 196.

Michael, P. , Nobay, A. R. and Peel, D. A. , "Transaction Costs and Nonlinear Adjustment in Real Exchange Rates: An Empirical Investigation", *Journal of Political Economy*, No. 105, 1997, pp. 862 – 879.

Engel, R. F. , "Conditional Heteroscedasticity with Estimates of the Variance of United Kingdom Inflation", *Econometrica*, July 1982, pp. 987 – 100.

Nelson, D. B. , "Conditional Heteroscedasticity in Asset Returns: A New Approach", *Econometrica*, No. 59, 1991, pp. 347 – 370.

Nasr, A. B. , Boutahr, M. and Trabelsi, A. , "Fractionally Integrated Time Varying GARCH Model", *Statistical Methods and Applications*, No. 19, 2010, pp. 399 – 430.

Nurkse, Ragnat, "Conditions of International Monetary Equilibrium", *International Finance*, No. 4, 1945, pp. 3 – 34.

Obsffeld, M., "Exchange Rates and Adjustment: Perspectives from the New Open – Economy Macroeconomics", NBER Working Paper, 2000.

Pesaran, M. H. and Pick, A., "Forecast Combination over Estimation Windows", *Journal of Business and Economic Statistics*, Vol. 29, No. 2, 2011, pp. 307 – 318.

Bacchetta, Philippe and Wincoop, Eric van, "Does Exchange – Rate Stability Increase Trade and Welfare?", *The American Economic Review*, Vol. 90, No. 5, 2000, pp. 1093 – 1109.

Hua, Ping, "Real Exchange Rate and Manufacturing Employment in China", *China Economic Review*, No. 18, 2007, pp. 335 – 353.

Rohan, N. and Ramanathan, T. V., "Asymmetric Volatility Models with Structural Breaks", *Communications in Statistics – Simulation and Computation*, Vol. 41, No. 9, 2012, pp. 1519 – 1543.

Rubaszek, M., "The Optimal ERM II Central Parity for the Polish Zloty", National Bank of Poland Working Paper, 2003.

Roll, R., "Industrial Structure and the Comparative Behavior of International Stock Market Indexes", *Journal of Finance*, No. 47, 1992, pp. 3 – 41.

Engle, Robert F. and Bollerslev, Tim, "Modelling the Persistence of Conditional Variances", *Econometric Reviews*, Vol. 5, No. 1, 1986, pp. 1 – 50.

Schwert, G. William, "Why Does Stock Market Volatility Change Over Time?", *Journal of Finance*, No. 44, 1989, pp. 1115 – 1153.

Swan, "Longer – Run Problems of the Balance of Payments", Paper Presented to Section G of the Congress of the Australian and New Zealand Association for the Advancement of Science, Melbourne, 1963.

Stein, J. L., "The Natural Real Exchange Rate of the US Dollar and Determinants of Capital Flows", IMF Working Paper, No. 95, 1995.

Stein, J. L., "The Fundamental Determinants of the Real Exchange Rate of the U. S. Dollar Relative to Other G – 7 Currencies", IMF Working Paper, No. 81, 1995.

Stein, J. L., "The Equilibrium Real Exchange Rate of the Euro: An E-valuation of Research", *CESifo Economic Studies*, Vol. 43, No. 3, 2002, pp. 349 – 381.

Šmídková, K., "Estimating the FEER for the Czech Economy", *Prague Economic Papers*, Vol. 8, No. 1, 1999, pp. 53 – 67.

Šmídková, K., Barrell, R. and Holland, D., "Estimates of Fundamental Real Exchange Rates for the Five EU Pre – Accession Countries", *Prague Economic Papers*, Vol. 12, No. 4, 2003, pp. 291 – 316.

Taylor, J., *Monetary Policy Rules*, Chicago: University of Chicago Press, 1999.

Teräsvirta, T. and Anderson, H. M., "Characterising Nonlinearitites in Business Cycles Using Smooth Transition Autoregressive Models", *Journal of Applied Econometrics*, No. 7, 1992, pp. 119 – 136.

Cline, William R., "Estimates of Fundamental Equilibrium Exchange Rates", Peterson Institute for International Economics, May 2011.

Cline, William R., "Estimating Consistent Fundamental Equilibrium Exchange Rates", Peterson Institute for International Economics, Working Paper 08 – 6, July 2008.

Világi, B., "Dual Inflation and Real Exchange Rate in New Open Economy Macroeconomics", National Bank of Hungary Working Paper, No. 5, 2004.

Wren – Lewis, S., "On the Analytical Foundations of the Fundamental Equilibrium Exchange Rate", in Colin P. Hargreaves ed., *Macroeconomic Modelling of the Long Run*, Edward Elgar Publishing, 1992.

Baele, Lieven, "Volatility Spillover Effects in European Equity Markets", *Journal of Financial and Quantitative Analysis*, Vol. 40, No. 2,

2005, pp. 373 – 401.

Liu, Y. Angela and Pan, Ming – Shiun, "Mean and Volatility Spillover Effects in the U. S. and Pacific – Basin Stock Markets", *Multinational Finance Journal*, Vol. 1, No. 1, 1997, pp. 47 – 62.

Williamson, John ed. , *Estimating Equilibrium Exchange Rates*, Peterson Institute for Internatienal Economics, 1994.

后　记

　　2004 年从吉林大学数学学院信息与计算科学专业本科毕业后，我考入该校的商学院数量经济学专业攻读硕士学位，师从陈守东教授，开始步入经济学的殿堂。2007 年毕业后，我进入河北理工大学，从事统计学专业的教学工作。2010 年，我又继续跟随陈守东教授进入博士阶段的学习。2014 年博士毕业后，由于工作调动，我进入河北经贸大学商学院经济系从事教学工作。在这里，我认识了很多科研上共同拼搏进取的伙伴。

　　陈守东教授是一个治学严谨，对学生认真负责、关爱有加的导师。作为一名教授，他时刻不忘提高自己的专业水平，始终站在科学的前沿，他的以身作则赢得了所有学生的尊敬；作为导师，他笑容可掬，俨如慈父；同时，在与人相处之道上，导师言传身教，为我们树立了良好的榜样，让我们有了学习的目标。我非常荣幸能够在学习生涯中遇到这样一位重要的恩师。

　　以"人民币汇率波动特征的计量分析"为题进行写作，主要基于以下考虑：一方面，汇率是各国进行贸易、资本跨国流动的前提，是连接各国经济往来的桥梁，因此汇率波动会对各国的经济产生一定的影响。汇率波动对经济波动及国际金融风险都具有良好的时效性和敏感性，研究汇率波动对经济的影响有利于分析经济金融中的风险问题。另一方面，对于汇率波动问题，我们需要利用模型刻画其波动特征，从而能更好地把握汇率变化的规律，化解汇率波动对经济的冲击。反过来，经济金融各方面的波动也会对汇率造成冲击，研究经济变量对汇率的影响又可以防范汇率风险。

　　《人民币汇率波动特征的计量分析》这本著作的完成离不开我

的丈夫张成军先生的支持，是他在生活上无微不至的呵护，让我感到幸福、心安，也是他时刻督促我完成各个阶段的学习任务，让我能顺利完成本书。我还要谢谢我可爱、调皮的儿子张函溢，是你让妈妈成为一个更有责任心的人，妈妈永远爱你。

能有今天的成长和发展，我还要非常感谢为我付出很多的爸爸、妈妈、姐姐和弟弟，是你们的支持给了我无穷的力量。我还要感谢我的公公、婆婆，是他们无微不至地帮我照看孩子，才让我没有了后顾之忧，可以专心学习、工作。感谢所有关心、帮助过我的人，你们将是我一生最宝贵的财富！

本书是在我的博士论文的基础上修改、补充而成的，可能还有不足之处，敬请专家和实际工作者批评指正。

高艳

2016 年 3 月